성공하는 창업자가 되기 위한

포토샵과 HTML의 활용

김영문 · 조현숙

집현재

이 책 제1부 '포토샵의 이해와 활용'에서 포토샵 실습을 위해 필요한 포토샵 이미지는 다음과 같이하면 찾을 수 있습니다. 웹하드 → 집현재(ID: dawoo88, PW: 2486) → GUEST 폴더(포토샵과 HTML).

머리말

아름다운 삶, 사랑 그리고 마무리...

1997년 11월에 한국이 경제부도의 위기로 내몰리면서 수많은 직장인들이 정든 회사를 떠나 길거리로 쏟아져 나왔었는데, 그 때에 실직자들을 위해 막연히 무엇인가 도움이 되는 일을 해야 하겠다는 생각을 갖고 금훈섭 (주)이야기 대표, 신순희 (주)모든넷 대표, 하태호 사랑넷 대표 등을 만나서 1998년 8월에 한국소호벤처창업협의회(soho.sarang.net)라는 이름으로 모임을 만들었습니다. 무엇인가 거창한 단체를 만들겠다는 생각보다는 삶의 터전을 잃고 희망을 잃어버린 실직자들에게 조그마한 도움이라도 드리고 싶었습니다,

그 이후 1999년 3월에 계명대학교 대명캠퍼스 시청각실에서 대구광역시 곽영길 당시 주임의 도움을 받아서 「'99 소호창업박

람회」를 개최하였는데, 아마도 3,000명 정도는 참가한 것으로 기억이 납니다. 부스 40개를 설치하였고 세미나도 진행하였는데, 그 당시 신일희 계명대학교 총장님을 비롯한 참석한 내빈들이 박람회장에 들어가기도 힘들 정도로 많은 예비창업자들이 참석을 하였습니다. 개회사를 하면서 벤허 영화를 감독한 윌리엄 와일러가 시사회에서 말한 "하느님, 이 영화를 정말 제가 만들었습니까?"를 인용하면서 감격해 했던 생각이 아직도 생생합니다.

1999년 10월에는 중소기업청으로부터 한국소호진흥협회(www.sohokorea.org)로 명칭을 변경하여 사단법인 인가를 받았는데, 그 당시에 신민철 사무관께서 사단법인 인가를 받을 생각이 없느냐고 했을 때에 처음에는 거절했던 생각도 납니다. 사단법인을 만들기 위해서 창업분야의 일을 하였던 것도 아니었고, 굳이 사단법인이 필요하지 않았던 것입니다. 그 이후 한두 번 정도 더 전화를 받고서야 사단법인을 만들어서 일을 해야 하겠다는 생각을 하였습니다. 그때에는 소호(soho)라는 말보다는 벤처(venture)라는 말이 더 인기가 있었기 때문에 소호관련 협회를 운영하는 것이 매우 힘들기도 하였습니다. 2001년에 뉴비즈니스연구소(www.newbiz.or.kr) 사이트를 뜻을 같이 하시는 분들과 함께 개설하였는데, 그것은 생각하는 창업, 연구하는 창업, 뿌리가 있는 창업의 필요성을 느끼면서, 창업도 조사와 연구를 통해서 발전할 수 있다는 것을 알았기 때문입니다. 다른 사람의 아이템을 베끼거나 대충 시작해서는 절대로 성공창업을 보장받을 수 없기 때문입니다. 개인적으로 볼 때에는 뉴비즈니스연구소(www.newbiz.or.kr) 사이트를 오픈하면서 창업관련 조사 및 연구 활동을 활발하게 진행하였습니다. 물론 뉴비즈니스연구소라는 사이트가 설립 취지에 맞게 성공하였다고는 할 수가 없으나 창업분야에서 조사 및 연구가 얼마나 중요한가를 깨닫게 된 계기가 되었습니다.

2003년도에는 저에게 전혀 예상하지 못한 일이 일어났습니다. 그것은 계명대학교 벤처창업보육사업단의 설립을 위해 일을 하였지만, 설립 후 전혀 사업단의 운영에 참여하지 못해 많은 서러움을 갖고 있었던 저에게 사업단장이라는 직책이 맡겨지게 되었습니다. 제가 그 일을 맡게 될 것이라고는 꿈에도 생각하지 않았기에 혼신의 힘을 다해서 열심히 일을 하였다고 자부합니다.

2003년 2월 1일부터 계명대학교 벤처창업보육사업단(www.kubic.co.kr)의 단장으로 일을 하면서 중소기업청 평가에서 대구경북지역 36개 창업보육센터 중에서 유일하게 6년 연속 최우수 평가를 받았습니다. 2005년에는 정보통신부장관 표창을 받았으며, 그해 전국 최우수 창업보육센터장으로 선정되어 산업자원부장관 표창을 받기도 하였습니다. 이러한 업적들은 함께 수고한 박신제 매니저, 정태용 매니저, 차재민 매니저, 김미영 등 사업단에 근무하는 모든 분들의 수고 때문이라고 생각하며, 고마움을 전하고자 합니다.

이렇게 창업분야의 일을 하다보니 방송과도 인연이 많았습니다. 1999년에는 TBC 라디오 박원달PD와 인연을 맺으면서 「알기

쉬운 경제교실」에 1년 6개월간 출연하였으며, TBC TV의 아침방송에서 이학락PD와 함께 「클릭! 김영문의 인터넷세상」을 6개월간 진행하였으며, KBS 1라디오에서 김지인 부장과 「창업이 보인다」라는 프로그램 꼭지에 4년 이상 고정 출연을 하고 있습니다.

언론활동 중에서 아마 가장 기억에 남은 방송이라면 당시 KBS 9시뉴스 진행자였던 황현정 아나운서와 서울 여의도에서 소호창업에 대해 2시간 생방송을 했던 것이었는데, 하도 긴장을 해서 방송 전에 화장실을 10번은 간 것 같았습니다. 처음에는 힘들었던 방송이 그 이후에는 너무 쉽게 느껴졌으나 이제는 말 한마디에도 책임감을 느끼는 시간들이 되었습니다. 저의 한마디로 인해 방송을 보고 듣는 분들에게는 알토란 같이 모은 전 재산을 날릴 수도 있다는 것을 알게 되었기 때문입니다.

2004년 4월 20일에는 사랑나눔재단(www.mis.or.kr)을 예수그리스도의 인도하심으로 설립하여 2006년 2월 22일에 대구광역시로부터 사랑나눔회(www.mis.or.kr, 현재 웹사이트는 폐쇄하였으며 cafe.daum.net/isoho2jobs에서 통합 운영하고 있음)로 명칭을 변경하여 비영리민간단체(Non-Profit Organization, NPO)로 인가를 받았습니다. 사랑나눔회는 저의 삶에서 가장 중요한 일 중의 하나이기도 하였으며, 거듭나는 삶의 은사를 받는 계기를 마련해 주었습니다. 천상천하유아독존(天上天下唯我獨尊)과 같은 삶에서 낮추고, 덜어내고, 긍휼히 여기는 마음을 갖도록 오래 전에 예수그리스도께서 저에게 예비하신 길이었다는 것을 굳게 믿습니다.

사실, 1998년부터 무엇 때문에 제가 창업분야의 일을 하게 되었는가에 대해 가끔 스스로에게 궁금하게 생각을 하였는데, 지금 생각해 보면 사랑나눔회를 위한 준비와 훈련을 시키신 것이었다고 생각됩니다. (사)한국소호진흥협회에서 일을 하면서 프랜차이즈 본사와의 갈등이 너무 많아서 협회의 운영에 대해 좌절과 회의가 많았는데, 사랑나눔회에서 봉사를 하면서 나눔의 즐거움과 기쁨의 시간이 너무 많았습니다. 창업이라는 분야에서도 늘 다른 곳에서 방황하다가 이제야 제가 있어야 하는 곳에 왔다는 생각을 하게 되었습니다.

2005년 9월 1일에는 창업길라잡이 카페(cafe.daum.net/isoho2jobs)를 개설하였는데, 예비창업자들을 위해 매주 창업행사를 개최하며 창업상담도 해 드리는 기회를 만들어 보기 위함이었고, 아울러 사랑나눔회를 운영하기 위한 복지기금이 필요했기 때문이기도 하였습니다. 카페에서 진행하는 행사에 오시는 모든 분들이 사랑나눔회의 아름답고 따뜻한 후원자라는 것을 생각할 때에 그저 감사한 마음뿐입니다. 그분들의 참가비는 한 푼의 낭비도 없이 예수그리스도께서 보시기에 부끄러움이 없도록 장애인, 모자가정, 교도소 수용자 등의 소외계층과 국내외의 선교사업을 위해 사용되고 있습니다.

2010년 3월 10일에는 대구경북창업카페연합회(cafe.daum.net/isoho2jobs에서 활동하고 있음)를 설립하였는데, 그것은 활동의 범위를 대구경북지역으로 한정하여 창업을 해야 하는 분들에게 소

박하게 봉사하기 위함이었습니다. 이를 위해 사단법인 한국소호진흥협회 및 여러 관공서의 각종 위원 등을 모두 정리하였습니다. 남은 삶을 한 곳에 헌신하고, 그리고 아름답게 마무리를 하기 위한 마지막 준비라는 생각을 하였습니다.

사실 1998년 8월 이후 창업분야의 일을 하면서 주머니에는 늘 위장약을 갖고 다니면서 복용하였으며, 2003년 5월에는 의식을 잃고 택시에 실려 병원에 가기도 하였습니다. 그때에는 식구들도 몰라보게 되었는데, 택시를 타고 병원에 가면서 조금씩 의식을 회복하게 되었습니다.

하지만, 또다시 2009년 11월 28일 토요일 저녁에 잠을 자다가 뇌출혈로 다시 병원에 가게 되었으며 병원에 도착하자마자 의식을 잃고 뇌수술을 받게 되었습니다. 8일 만에 의식을 다시 찾았으며, 16일간의 중환자실 및 총 27일간의 입원을 통해 겨우 생명을 다시 찾았습니다.

한편, 2011년 3월에는 연구년 기간 중에 창업선도대학 계명대학교 창업지원단의 기술창업육성부장이라는 보직을 발령받았고, 그해 11월 1일에는 창업지원단장의 보직을 발령받아 2013년 1월 31일까지 일을 하였습니다. 오직 예비창업자들만을 생각하면서 정말로 열심히 일을 하였으며, 2011~2012년의 창업선도대학 사업실적 평가에서 전국 18개의 창업선도대학 중에서 1위를 하였습니다. 하지만, 과로 및 스트레스로 인해 2012년 말에 뇌출혈의 후유증으로 인해 2번이나 쓰러져서 창업지원단장의 직에서 사임을 하고 연구실로 돌아왔습니다. 앞으로 계명대학교에서의 남은 시간들은 교수라는 위치로 온전히 돌아와서 학생들에게는 좋은 강의를 하고, 창업의 모든 분야를 더 깊이 있게 연구하기 위해서 모든 시간을 보내게 될 것입니다.

오랜 시간을 되돌아 가보면, 대학교 3학년 때에 학회장에 출마하면서 선거유세를 위해 강의실을 다니면서 「不義와 타협하지 않겠습니다.」라는 글자를 칠판에 적은 기억이 납니다. 그때의 그 마음이 아직도 그리고 앞으로도 변치 않기를 다짐하면서, 참으로 어지럽고 혼탁한 창업시장에서 아직은 저의 역할이 있음을 생각합니다. 아니, 저를 통해서 이루고자 하는 그분의 뜻을 더 많이 알기를 원하며, 저에게 주신 재능을 통해 더 많은 분들이 창업을 통해 경제적으로 자립하고, 홀로서기를 하고, 아울러 승리했으면 하는 소망이 있습니다.

1998년 이후 창업분야에서 일을 해 오면서 배운 창업이론과 실무지식 그리고 창업현장에서의 경험을 바탕으로 지금까지 13권의 책을 출판하였습니다.

1. SOHO와 인터넷비즈니스, 동영출판사, 2000년
2. 한 권으로 끝내는 창업길라잡이, 창업학, 법문사, 2006년
3. 예비창업자가 꼭 알아야 하는 100가지, 법문사, 2009년
4. 창업길라잡이, 집현재, 2011년
5. 이베이(eBay)에서 창업하기, 책마을, 2011년

6. 500만원으로 창업하기, 집현재, 2011년
7. 카페(cafe)로 창업하기, 집현재, 2012년
8. 일본 소호(보따리)무역으로 창업하기, 집현재, 2012년
9. 무점포 무일푼으로 인터넷창업하기, 집현재, 2013년
10. 무점포 · 1인 창업하기, 집현재, 2014년
11. 하루 만에 인터넷 쇼핑몰 창업하기, 집현재, 2014년
12. 창업입문, 집현재, 2015년
13. 홍보와 광고전략, 집현재, 2015년

이러한 저서들을 집필함에 있어 선후배들의 자료를 참고로 정리하였고, 제가 쓴 글이나 설문조사한 자료들을 추가하면서 저 나름대로의 생각들을 담으려고 노력도 하였습니다. 하지만, 실제 창업을 한 경험이 없고 실무경력이 별로 없다보니 보시기에 많이 미흡하고 때로는 다른 분들의 업적을 가로챈 느낌마저 갖게 되어 송구스럽게 생각합니다. 특히 이번 14번째의 창업서적은 약 20년 전에 가남사에서 출판된 김석주님의 서적을 활용하여 학생들에게 강의를 할 때에 정리했던 강의노트를 중심으로 집필을 하였으며, 그때에 참고를 했던 서적은 더 이상 출판이 되지 않아서 참고문헌에 포함시킬 수가 없었습니다. 혹시라도 본문 중에 참고문헌을 누락하였다면 고의가 아니었음을 말씀드리면서 용서를 구하고자 합니다.

이번에 창업자들이 반드시 알아야 하는 포토샵 및 HTML 실무

에 대해 집필하는 이 책 역시 누군가에게는 삶의 희망을 주고, 또 누군가에게는 빵이 되어 배고픔을 해결해 주었으면 좋겠습니다. 힘들어서 쓰러지고 싶고 때로는 삶을 포기하고 싶은 작은 자들에게 어둠 속의 빛과 소금의 역할을 수행할 수 있었으면 더 이상 바랄 것이 없을 것 같습니다.

책의 서문에 무엇을 담을까 생각하다가 1998년 이후 창업분야에 몸을 담으면서 있었던 일들을 조금 정리해 보았습니다. 여기에 다 담지 못한 이야기들도 있고, 감사의 표시를 제대로 하지 못한 분들도 있습니다. 저를 낳아주시고 미국 유학경비를 보내주시느라고 고생을 너무 하신 부모님, 그리고 세상에서 저와 소중한 인연을 맺은 가족들에게도 고마움을 전합니다.

그리고 2004년에 사랑나눔회를 시작하면서 나눔과 선교의 사업에 함께 하는 모든 분들에게도 진심으로 고마움을 전하면서, 사랑나눔회가 대를 이어 계속되기를 소망합니다. 사실, 사랑나눔회의 도메인 중에서 MIS는 management information system의 약어로서 당초 제가 근무하는 경영정보학과의 홈페이지로 사용할 계획이었으나, 2004년에 부산창업박람회를 참관하고 오늘 길에서 "mis(mission in sharing and humanity services) for glory of the God"가 갑자기 생각났는데 그것은 그분의 인도하심이라고 생각합니다. 지금 생각해 보면, 16년간 창업분야에서 일을 하게 된 것도, 그리고 이 책을 쓰게 된 것도 모두 사랑나눔회를 통해 나눔과 선교사업에 일을 하신 그분의 뜻이 있었다고 생각합니다.

그리고 살아오면서 때로는 저로 인해 고통을 받았거나 분노한 분들도 많이 있을 것이며, 지면을 빌어 죄송한 말씀과 용서를 구하고자 합니다. 철없던 시절의 잘못된 생각으로 많은 분들에게 심적·육체적 고통을 주었음을 고백하며, 앞으로는 더 많은 분들에게 희망, 꿈, 소망, 그리고 행복을 드릴 수 있도록 남은 삶을 바치고자 합니다.

끝으로, 본 저서의 내용과 관련하여 몇 가지를 알려 드리고자 하며, 크게 성공하지는 못하더라도 적어도 실패하지 않는 창업에 많은 도움이 되기를 원합니다.

1. 저서의 내용에 관해서 질문이 있거나 창업에 대한 도움이 필요하시면 창업길라잡이 카페(cafe.daum.net/isoho2jobs)의 [창업상담♡질문 및 답변] 게시판을 활용해 주십시오. 적극적으로 도움을 드릴 것입니다.
2. 창업길라잡이 카페(cafe.daum.net/isoho2jobs)의 [창업동영상(UCC)강좌] 게시판에 등록되어 있는 다양한 동영상(UCC)을 함께 공부하시면, 분명 성공적인 창업에 많은 도움이 될 것입니다.
3. 창업을 하겠다고 생각을 하였다면, 포토샵과 HTML를 가장 먼저 공부를 해야 한다는 것을 꼭 생각해야 합니다. 아직도 유망한 창업아이템을 찾는 것이 가장 중요하다고 생각하거나 창업자금을 지원하는 기관부터 방문을 해야 하겠다고 생

각하지 말고, 무조건 포토샵과 HTML을 열심히 공부하면서 어떻게 활용하는 것이 성공창업에 도움이 될 것인가를 항상 생각하는 것이 제일 중요하다는 것을 기억해야 할 것입니다. 특히 나중에 창업을 했을 경우를 생각하면서 온라인 혹은 오프라인에 있는 창업자의 점포를 고객들에게 알리고 방문할 수 있도록 포토샵과 HTML을 어떻게 활용해야 하는지를 고민하는 것이 제일 중요하다는 것을 생각해야 합니다.

2016년 4월에

김영문

차 례

제 1 부 포토샵의 이해와 활용

제 1 부

포토샵의 이해와 활용

Photoshop and HTML

제 1 장

Photoshop & HTML(HyperText Markup Language)

포토샵 기본

01 포토샵 기본화면

[시작]-[프로그램]-[Adobe Photoshop]을 클릭하면 포토샵이 실행된다.

포토샵의 기본화면은 다음과 같다.

<table>
<tr><td>기본화면</td><td>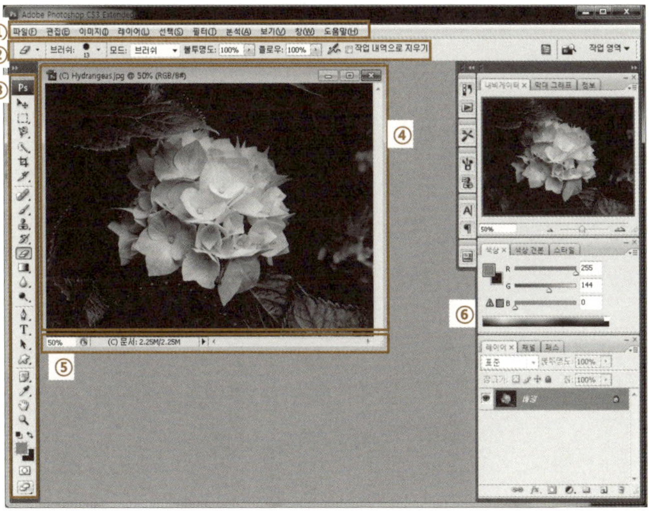
</td></tr>
<tr><td>화면설명</td><td>① 메뉴 표시줄: 포토샵의 모든 기능이 모여 있는 곳으로 마우스를 클릭하면 항목에 해당하는 메뉴들이 표시된다.
② 옵션 바: 도구 박스에서 선택한 도구에 대한 세부적인 옵션을 설정하는 곳으로 선택한 도구에 따라 모양이 달라진다.
③ 도구 박스: 이미지 작업 시에 사용하는 각종 도구들을 모아놓은 곳이다.
④ 이미지 작업창: 사진을 편집하고, 그림을 그릴 공간이다.</td></tr>
</table>

⑤ 상태 표시줄: 현재 작업 중인 이미지의 크기, 선택한 도구에 대한 정보 등을 보여준다.
⑥ 패널: 이미지 작업 시에 사용하는 각종 패널들을 모아놓은 곳이다. 색상, 레이어 등의 패널은 도구와 함께 이미지 작업 시 자주 사용하게 된다.

기본화면에 있는 도구 박스에 대해서 구체적으로 살펴보면, 〈표 1-1〉과 같다.

〈표 1-1〉의 도구들 중에서 오른쪽 아래에 작은 검정색 삼각형이 있는 도구들은 모두 숨은 도구들이 있는데, 검정색 삼각형을 클릭하거나 마우스의 오른쪽 버튼을 누르면 확인할 수 있다. 포토샵을 효과적으로 활용하기 위해서는 도구 박스에 있는 도구(툴)의 사용방법을 제대로 알고 있는 것이 중요하다.

표 1-1 도구 박스에 있는 다양한 도구(툴)

도구 박스	명 칭	설 명
	이동 도구(V)	이미지를 원하는 위치로 이동할 수 있다.
	사각형 선택 윤곽 도구(M)	이미지의 특정 영역을 사각형 선택영역으로 만든다.
	다각형 올가미 도구(L)	이미지의 특정 영역을 다각형 선택영역으로 만든다.
	빠른 선택 도구(W)	색상의 범위를 계산하여 자동으로 선택영역을 만든다.
	자르기 도구(C)	이미지의 필요한 부분만 남기고, 나머지 부분을 잘라준다.
	스포이드 도구(I)	색상 값을 추출하여 전경색이나 배경색으로 지정한다.
	패치 도구(J)	이미지의 특정 영역을 다른 부분으로 보정할 수 있다.
	연필 도구(B)	연필로 그리듯이 얇은 선을 그리는 도구이다.
	복제 도장 도구(S)	특정 이미지를 복제하여 원하는 부분에 붙여 넣는다.
	작업 내역 브러시 도구(Y)	브러시를 이용하여 원본 이미지를 복구한다.
	지우개 도구(E)	이미지의 일부분을 지운다.
	페인트 통 도구(G)	특정 부분을 같은 색으로 채우기할 때 사용한다.
	흐림 효과 도구	이미지를 뿌옇게 하여 번지는 듯한 느낌을 준다.
	닷지 도구(O)	이미지를 밝게 해 준다.
	펜 도구(P)	세밀하게 원하는 영역을 지정할 때 사용한다.
	수평 문자 도구(T)	원하는 문자를 입력할 수 있다.
	패스 선택 도구(A)	패스를 이동하거나 변형할 수 있다.
	사각형 도구(U)	다양한 형태의 도형을 만들 수 있다.
	손 도구(H)	손바닥 툴을 이용하여 화면을 이동시킬 수 있다.
	돋보기 도구(Z)	화면의 특정 부분을 확대하거나 축소시킬 수 있다.
	전경색과 배경색 전환(X)	전경색과 배경색을 전환시킬 수 있다.
	전경색 설정	전경색을 설정할 수 있다.
	배경색 설정	배경색을 설정할 수 있다.
	빠른 마스크 모드로 편집(Q)	선택영역을 좀 더 편리하게 추출해 낼 수 있다.
	화면 모드 변경(F)	작업창의 공간을 조절할 때 사용한다.

한편, 포토샵의 도구상자는 포토샵의 버전에 따라 〈그림 1-1〉과 같이 달라지고 있는데(출처: http://blog.naver.com/no1_powanca/204729887), 사용자의 컴퓨터에 설치되어 있는 포토샵 버전을 확인하는 것도 필요하다.

| 그림 1-1 | 포토샵 도구상자의 변천사

02 새 이미지 작업창 만들기

작 업 순 서	결 과 화 면
1. [파일] 메뉴에서 [새로 만들기]를 클릭한다.	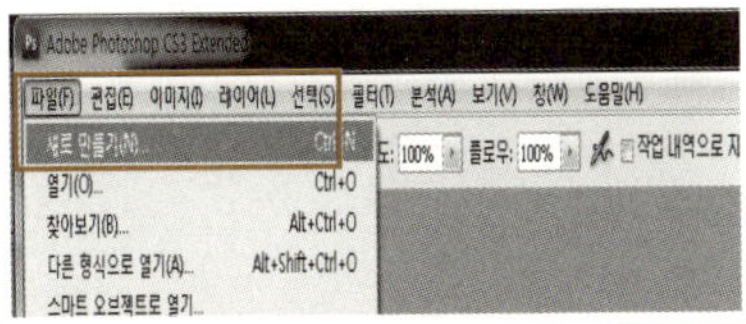
2. [새로 만들기] 대화상자가 나타나면, ① '폭'과 '높이'에 각각 500을 입력하고, '단위'는 픽셀을 선택한 후 ② '해상도'는 72, '색상 모드'는 RGB 색상, '배경 내용'은 흰색으로 선택한 다음 '확인' 버튼을 클릭한다.	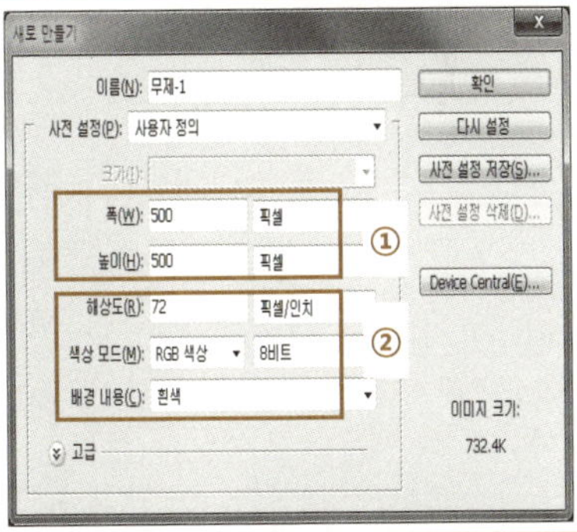
3. 화면과 같은 새로운 흰색 바탕의 이미지 작업창이 만들어진다.	

03 이미지 작업창 조정하기

작 업 순 서	결 과 화 면
1. [파일] 메뉴에서 [열기]를 클릭한다. 예제파일 중에 '수국.jpg'를 선택하고 열기를 클릭한다.*	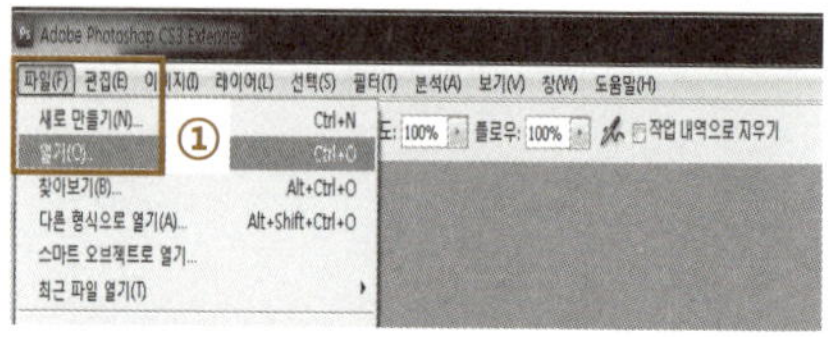
2. ① 도구 박스에서 돋보기 도구를 클릭하여 ② 이미지 작업창에서 자신이 확대하여 보고 싶은 부분을 화면과 같이 대각선으로 드래그한다.	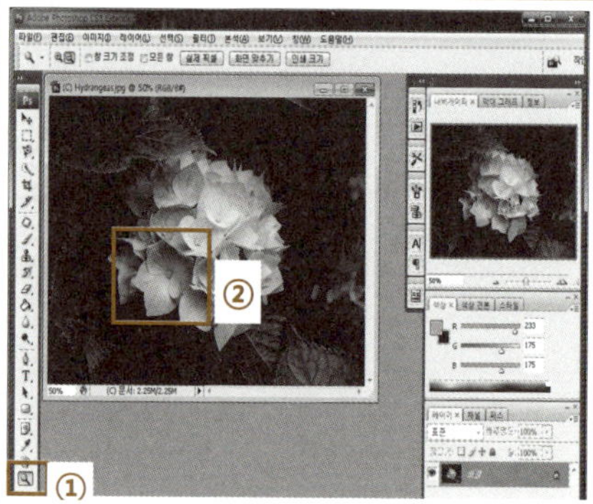

• 팁(tip): 다른 도구를 사용하고 있을 시 그림 비율을 변경하고자 할 경우에는 [Ctrl]+[+]를 누르면 이미지가 확대되고, [Ctrl]+[-]를 누르면 이미지가 축소된다. 반대로 축소를 하기 위해서는 돋보기 도구를 클릭하고, 이미지 작업창에서 [Alt]를 누르면 돋보기의 가운데 부분이 '-'모양으로 바뀐다. 이때 이미지를 클릭하면 그림이 축소된다.

* 이후 예제파일은 웹하드 → 집현재(ID: dawoo88, PW: 2486) → GUEST 폴더(포토샵과 HTML)에서 찾을 수 있음.

3. 자신이 확대하고자 한 부분만 크게 확대된 것을 확인할 수 있다.

4. ① 도구 박스에서 손 도구를 클릭하고 ② 이미지 작업창의 그림을 클릭한 후 드래그하면 화면 전체가 드래그한 방향으로 이동한다.

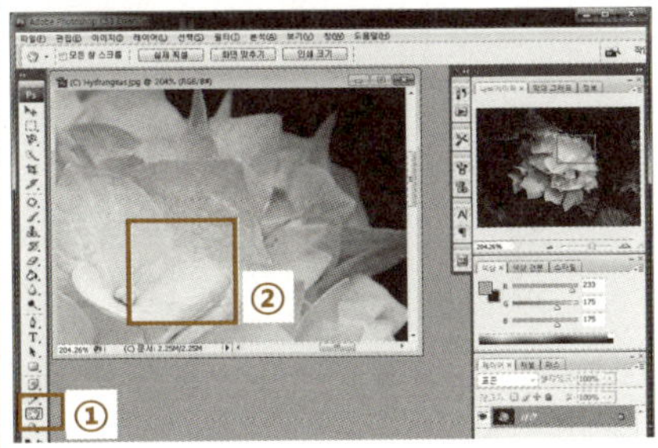

• 팁(tip): 도구 박스의 손 도구를 더블 클릭하면 현재 이미지 작업창에 딱 맞는 그림 비율로 이미지가 조정된다. 다른 도구를 사용 중 Space Bar 를 누르면 손 도구로 바뀌면서 그림의 이동이 가능하다.

04 이미지 작업창의 배경색상 채우기

작 업 순 서	결 과 화 면
1. [파일] 메뉴에서 [새로 만들기]를 클릭한다.	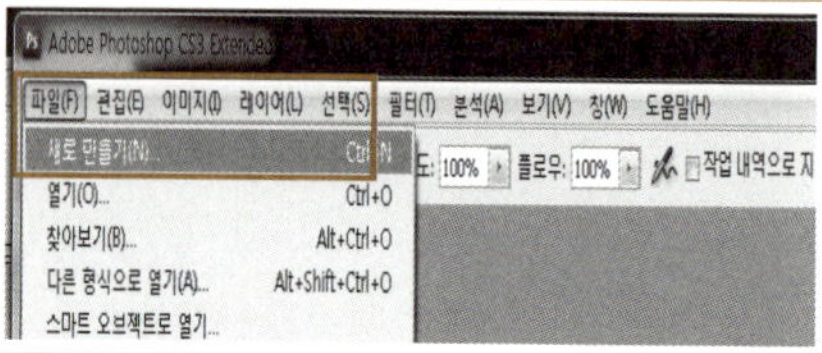
2. [새로 만들기] 대화상자가 나타나면, ① '폭'과 '높이'에 각각 500을 입력하고, '단위'는 픽셀을 선택한 후 ② '해상도'는 72, '색상 모드'는 RGB 색상, '배경 내용'은 흰색으로 선택한 다음 '확인' 버튼을 클릭한다.	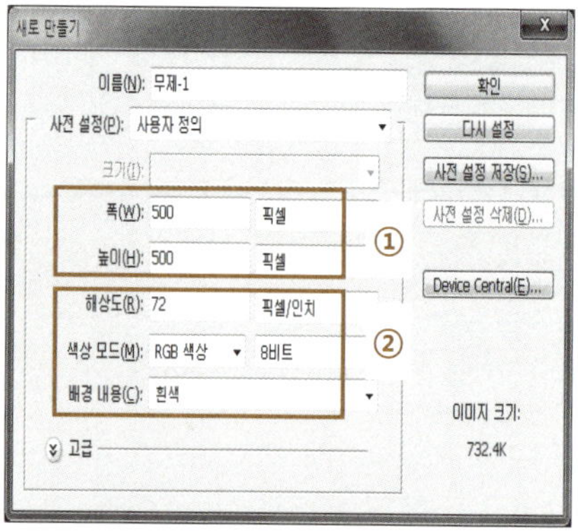
3. ① 도구 박스에서 전경색을 클릭하여, ② 색상 피커 대화상자를 실행한다. • 팁(tip): 색상 모드의 앞에 있는 사각형을 전경색이라고 하며 붓이나 연필로 색을 칠할 때 사용된다. 뒤에 있는 사각형은 배경색이라고 하며, 지우개 도구로 이미지를 지우거나 새 이미지 작업창을 만들 때 사용된다.	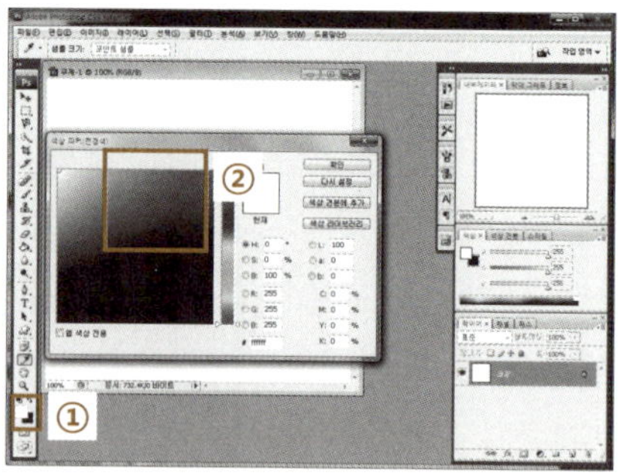

4. ① 색상 피커(Color Picker) 대화상자에서 색상 슬라이더를 드래그하여 원하는 색상 영역으로 이동하고, ② 왼쪽의 색상 필드에서 색을 선택한 후 확인 버튼을 클릭한다.

5. 색상 모드의 전경색이 지정한 색상으로 변경되었으면 ① 도구 박스에서 페인트통 도구를 클릭하고, ② 이미지 작업창을 클릭하면 전경색으로 채색된다.

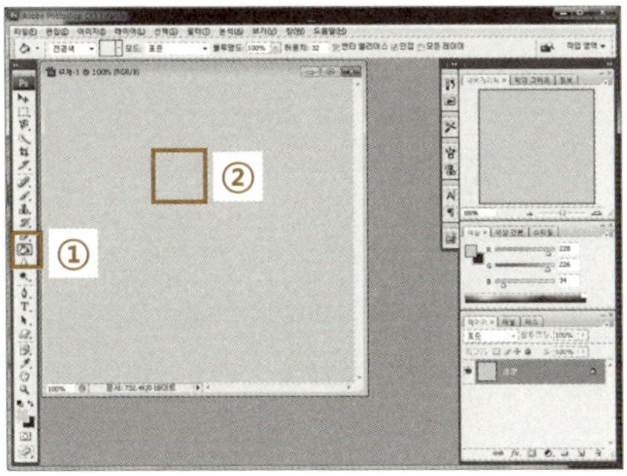

• 팁(tip): 배경색을 바꾸고 싶다면 도구 박스의 색상 모드에서 배경색을 클릭한 후, 색상 피커 대화상자에 같은 방법으로 색을 선택하면 된다.

05 레이어 기초 익히기

레이어(layer)란 사전적으로 '층'이라는 뜻을 가지며, 이미지가 겹겹이 쌓여져 있는 상태를 말한다. 레이어는 투명한 셀로판지를 여러 장 겹쳐 놓은 것과 같다. 레이어의 투명 영역을 통해 밑에 있는 레이어까지 볼 수 있다. 레이어의 불투명도를 변경하여 내용을 부분적으로 투명하게 만들 수도 있다.

작업순서	결과화면
1. [파일] 메뉴에서 [열기]를 클릭한다. 예제파일 중에 '수국2.psd'를 선택하고 열기를 클릭한다.	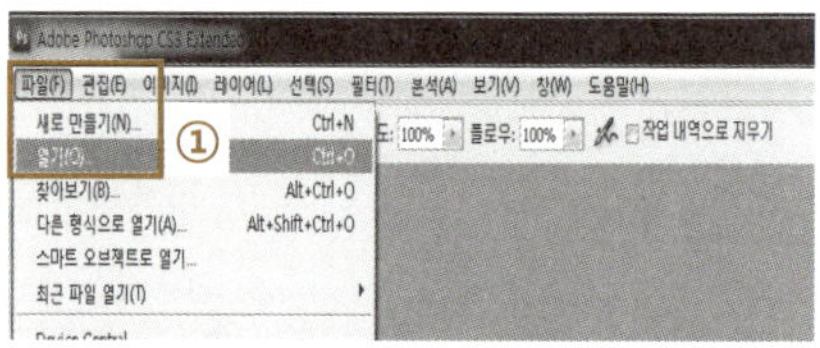
2. '수국2.psd'는 ① 파일형식이 psd 형식으로 ② 레이어 패널을 살펴보면 3개의 레이어로 구성되어 있다.	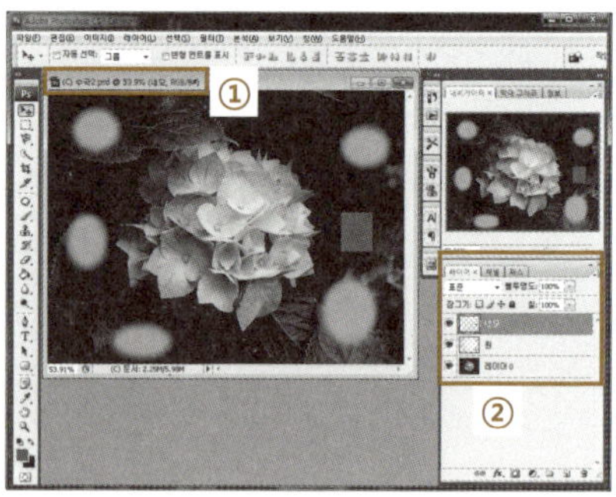

3. ① 도구 박스에서 이동 도구를 클릭한 후 ② 이미지를 클릭한 채 왼쪽으로 드래그한다. ③ 현재 레이어 패널을 보면 '네모' 레이어가 선택된 상태이므로 네모 이미지가 이동된다.

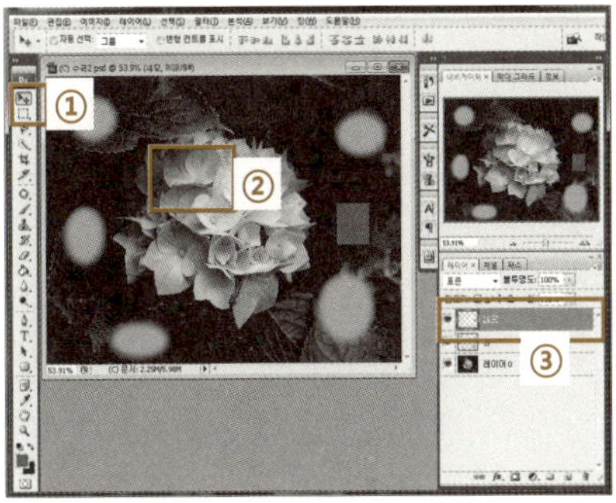

4. 작업취소를 위해 Ctrl + Z 를 누른다.

• 팁(tip): 이동 도구는 이미지를 이동할 때 사용하는 도구이다.

5. 원 이미지의 이동을 위해서는 ① 레이어 패널에서 '원' 레이어를 클릭한 후 ② 도구 박스에서 이동 도구를 클릭하여 ③ 이미지 작업창에서 원하는 방향으로 드래그한다. 원 이미지가 이동된다.

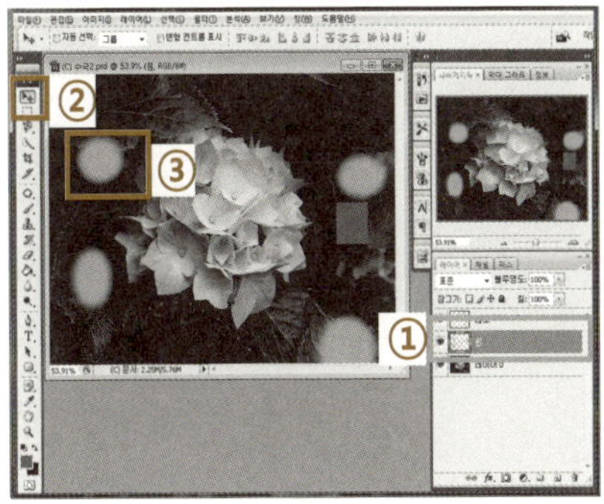

6. 작업취소를 위해 Ctrl + Z 를 눌러 원 이미지를 원래 위치로 되돌려 놓는다.

• 팁(tip): 레이어 패널에서 파란색으로 표시된 것은 레이어가 선택되었다는 것을 의미하며, 어떤 작업을 하면 현재 선택된 레이어에 적용된다.

7. '원' 레이어가 선택된 상태에서 Shift 를 누른 채로 '네모' 레이어를 클릭하면 '원' 레이어와 '네모' 레이어가 한꺼번에 선택된다.

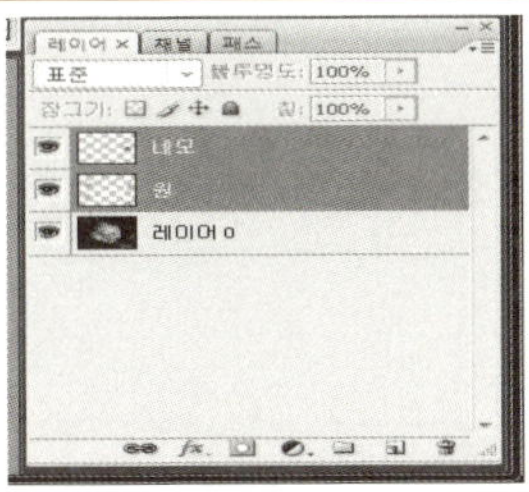

8. ① 도구 박스에서 이동 도구를 클릭한 후, ② 이미지 작업창에서 원하는 방향으로 드래그하면 '원' 레이어의 이미지와 '네모' 레이어의 이미지가 함께 이동한다.

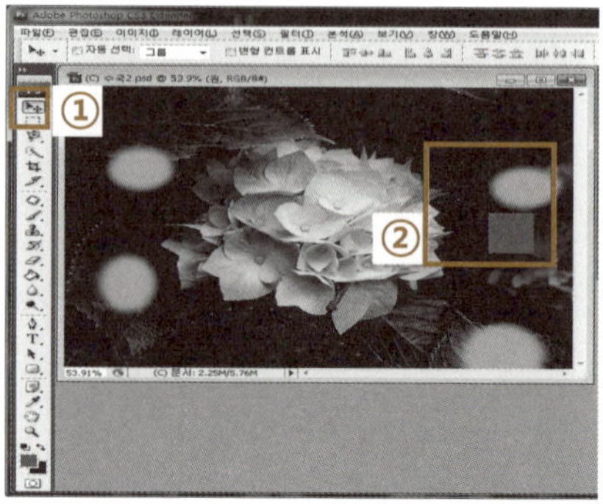

9. ① 화면과 같이 '원' 레이어의 눈 아이콘을 클릭한다. 눈 아이콘을 반복해서 클릭하면 이미지가 보이고 숨겨진다.

• 팁(tip): 레이어 패널의 눈 아이콘은 이미지를 숨기거나 표시하는 기능을 한다.

10. ① '레이어0' 레이어를 선택하고, ② 레이어 패널의 맨 아래쪽에 있는 '레이어를 삭제합니다' 버튼을 클릭한다. 레이어 패널에서 '레이어0' 레이어가 삭제된다.

• 팁(tip): 레이어 패널에서 눈 아이콘을 클릭하면 이미지를 잠깐 숨기지만 레이어삭제 버튼으로 드래그하면 이미지가 영구적으로 삭제된다.

11. 레이어가 여러 개 있을 때 이미지는 레이어 패널에서 쌓여 있는 순서대로 보인다. ① '네모' 레이어를 선택하고, ② 도구 박스에서 이동도구를 클릭한 후, ③ 이미지 작업창에서 '원' 있는 곳으로 드래그한다. '원' 레이어가 밑에 있기 때문에 위에 있는 '네모' 레이어의 네모가 보인다.

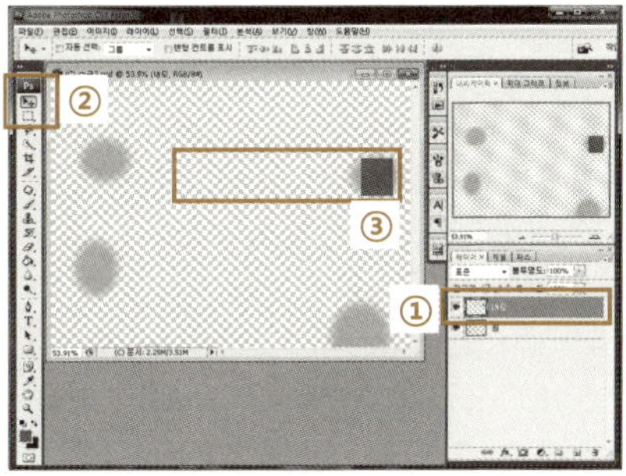

12. ① 레이어 패널에서 '원' 레이어를 '네모' 레이어 위쪽으로 이동한다. ② '원' 레이어의 이미지에 가려져 '네모' 레이어의 이미지가 보이지 않는다. '네모' 레이어를 다시 '원' 레이어 아래로 드래그하여 이동시킨다.

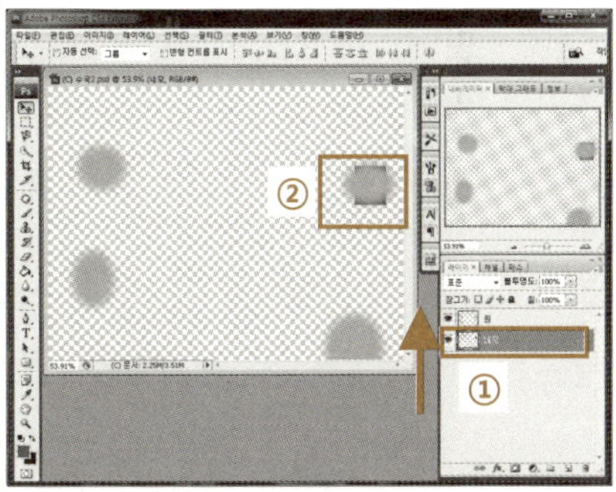

13. ① '원' 레이어를 선택한 후 ② 레이어 패널의 새 레이어 생성 버튼을 클릭하면 현재 선택된 레이어 위로 '레이어1'이라는 새로운 레이어가 생성된다.

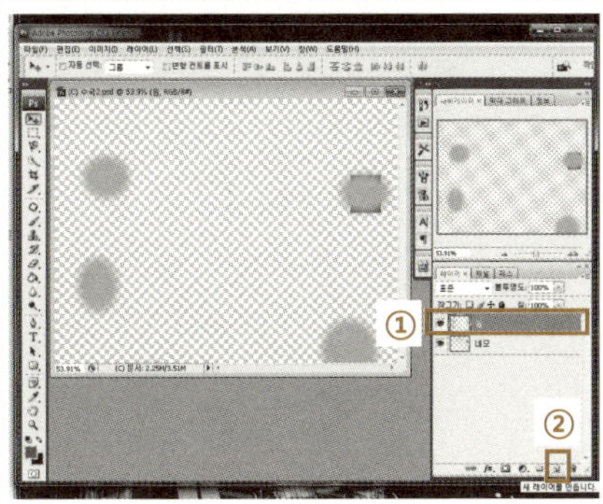

14. '레이어1'의 레이어 이름 부분을 더블 클릭하면 이름을 수정할 수 있는 상태가 된다. '노란 네모'를 입력한 후 Enter↵를 눌러 레이어의 이름을 변경한다.

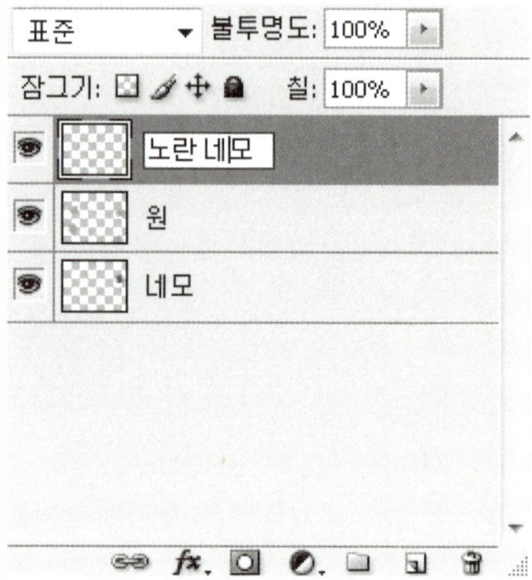

레이어 패널

레이어 패널	설 명
	① 블렌딩 모드: 레이어와 레이어가 겹쳐질 때 특별한 연산 값이 적용된 합성 효과를 만들어 낸다. ② 불투명도: 레이어의 불투명도를 조정할 수 있다. 이미지가 0~100% 사이 값을 가질 수 있으며 '0%'일 경우 이미지는 투명하게 표시된다. ③ 잠금: 선택한 레이어에 적용할 수 있는 일부 기능들을 잠글 수 있다.

- 투명 픽셀 잠그기: 픽셀 영역만 작업이 가능하도록 투명 이미지를 잠근다.
- 이미지 픽셀 잠그기: 브러시 등의 드로잉 도구들의 작업을 잠근다.
- 위치 잠그기: 이동 도구로 이미지를 조정할 수 없다.
- 모두 잠그기: 잠그기 기능 모두가 적용된다.

④ 칠: 레이어 스타일이 적용된 레이어의 경우 스타일 효과를 제외한 이미지만 불투명도가 조절된다.

⑤ 눈 아이콘: 해당 레이어를 화면에서 보거나 가릴 수 있다.

⑥ 레이어 연결: 하나 이상의 선택된 레이어를 연결하여 이동이나 변형 기능들을 동시에 적용시킬 수 있다.

⑦ 레이어 스타일 추가: [레이어]-[레이어 스타일] 기능을 단축 버튼을 눌러 손쉽게 적용할 수 있다.

⑧ 레이어 마스크 추가: 레이어에 마스크 기능을 추가하여 이미지의 일부분을 가리거나 보이는 조정을 할 수 있다.

⑨ 새칠 또는 조정 레이어 생성: 레이어에 색상이 채워진 칠 레이어나 [이미지]-[조정] 기능을 레이어 형태로 적용시킬 수 있다.

⑩ 새 그룹을 만듭니다: 많은 레이어를 그룹으로 묶어 관리하는 일종의 폴더이다.

⑪ 새 레이어를 만듭니다: 선택된 레이어 위에 새로운 레이어를 추가한다.

⑫ 레이어를 삭제합니다: 선택된 레이어를 삭제한다.

제 2 장

포토샵 도구 익히기

1. 선택도구로 초승달 그리기

2. 복제 도장 도구로 이미지 복제하기

3. 힐링브러시와 패치도구로 점 없애기

4. 자르기 도구로 증명사진 만들기

01 선택도구로 초승달 그리기

작업순서	결과화면
1. [파일] 메뉴에서 [열기]를 클릭한다. 예제파일 중에 '배경01.jpg'를 선택하고 열기를 클릭한다.	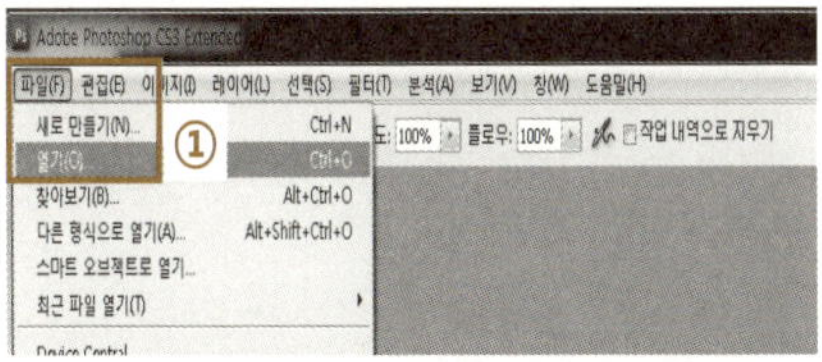
2. ① 도구 박스에서 원형 선택 도구를 클릭하고, ② 화면과 같이 시작점을 클릭한 채 드래그하여 보름달처럼 원 영역을 선택한다.	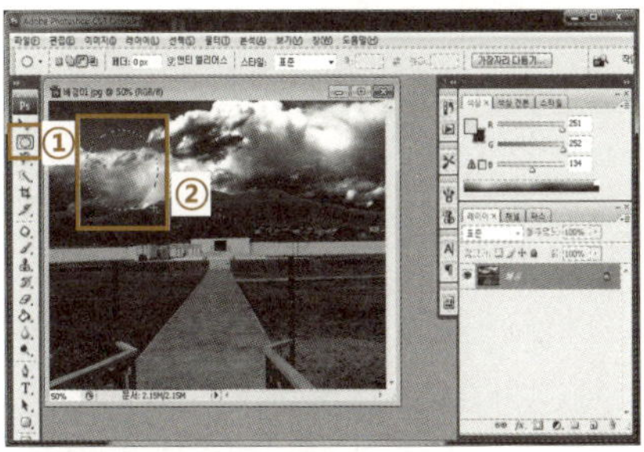
3. ① 영역이 선택되어 있는 상태에서 Alt를 누르면 마우스 포인터가 '-' 모양으로 변경된다. 이때 원형 선택 도구로 화면과 같이 겹쳐진 원을 하나 더 그려준다. • 팁(tip): 옵션 바에서 [선택 영역에서 빼기] 버튼을 선택해도 된다.	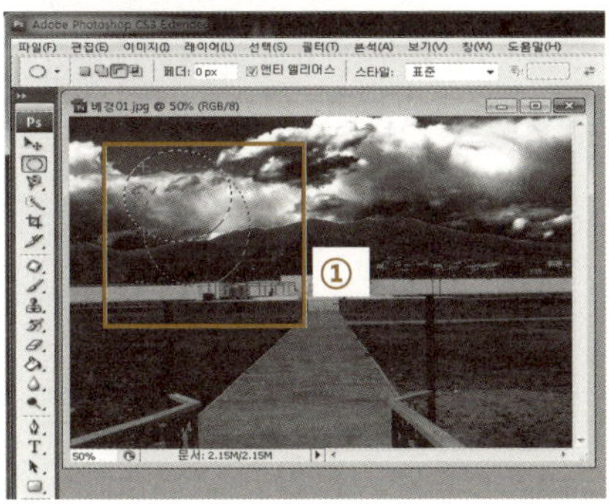

4. 새롭게 그린 원이 기존 선택 영역에서 제외되어 초승달과 같은 모양으로 선택 영역이 만들어졌다. ① 색상 패널을 노란색(R:246, G:232, B:0)으로 바꾸고 ② 도구 박스에서 채우기 도구를 클릭하여 ③ 이미지 작업창에서 초승달 모양으로 선택되어 있는 곳에 클릭하면, 선택 영역에 전경색인 노란색이 채워진다.

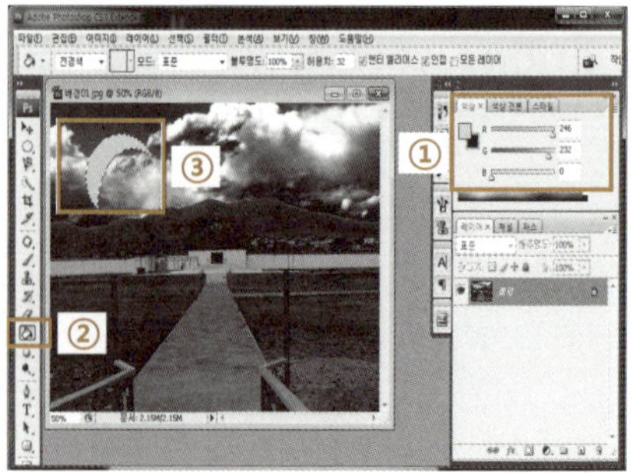

• 팁(tip): 단축키 Alt + Delete를 누르면 도구 박스의 전경색으로 채우고, Ctrl + Delete를 누르면 배경색으로 채운다.

5. Ctrl + D를 눌러 선택 영역을 해제한다.

• 팁(tip): 선택영역의 해제는 [선택]메뉴에서 [선택해제]를 선택하거나 단축키 Ctrl + D 또는 이미지 작업창의 적당한 곳을 클릭하면 된다.

6. 이미지 가장자리를 부드럽게 하기 위해 ① 도구 박스에서 사각형 선택영역 도구를 클릭하여 ② 옵션 바의 '페더' 항목에 20을 입력한 후 ③ 화면과 같이 사각형으로 드래그하여, 선택 영역을 지정한다.

• 팁(tip): 페더는 0-250 픽셀까지 설정가능하며, 수치가 클수록 선택 영역의 경계가 더욱 부드러워진다. 단, '페더' 옵션은 영역을 선택하기 전에 적용해야 한다.

7. [선택] 메뉴에서 [반전]을 누르면 선택 영역이 반전된다. 전경색을 진한 파랑색(R:0, G:124, B:184)으로 변경하고, Alt + Delete로 전경색을 채우면 경계가 부드러운 이미지가 완성된다.	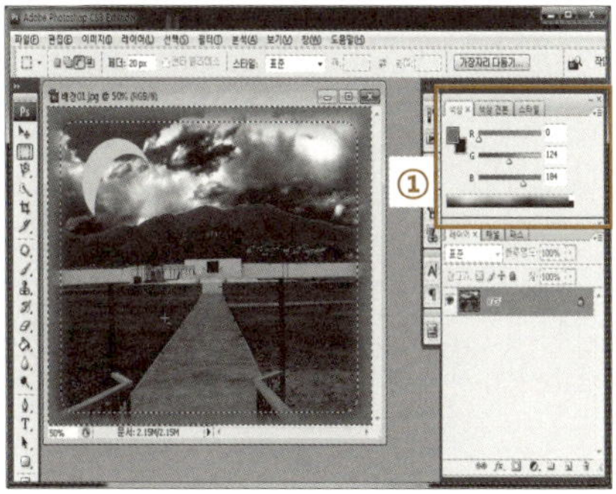

선택영역 지정(사각형 선택 윤곽 도구, 원형 선택 윤곽 도구)

선택도구	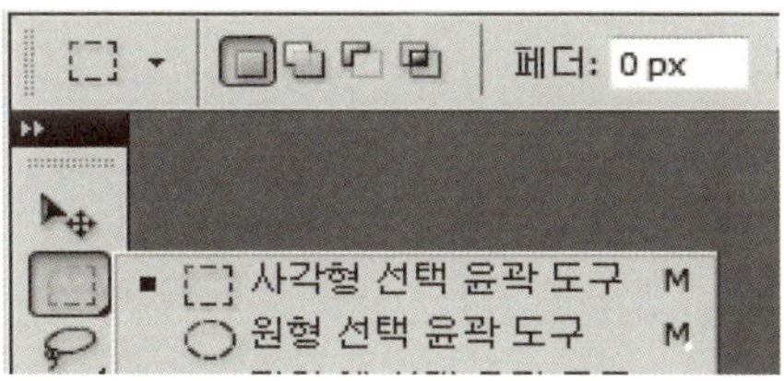
사각형 선택 윤곽 도구	사각형 선택 윤곽 도구는 사각형 영역을 만들 때 유용하다. 선택하려는 범위를 클릭이나 드래그하여 영역을 만들 수 있다. Shift + 드래그하면 정사각형의 선택 영역을 만들 수 있고, Alt + 드래그하면 클릭한 지점을 중심으로 선택 영역을 만들 수 있다.
원형 선택 윤곽 도구	원형 선택 윤곽 도구는 원형의 이미지를 선택할 때 사용된다. Shift + 드래그하여 정원형의 선택 영역을 만들 수 있고, Alt + 드래그하여 클릭한 지점을 중심으로 선택 영역을 만들 수 있다.

02 복제 도장 도구로 이미지 복제하기

작 업 순 서	결 과 화 면
1. [파일] 메뉴에서 [열기]를 클릭한다. 예제파일 중에 '아들01.jpg'를 선택하고 열기를 클릭한다.	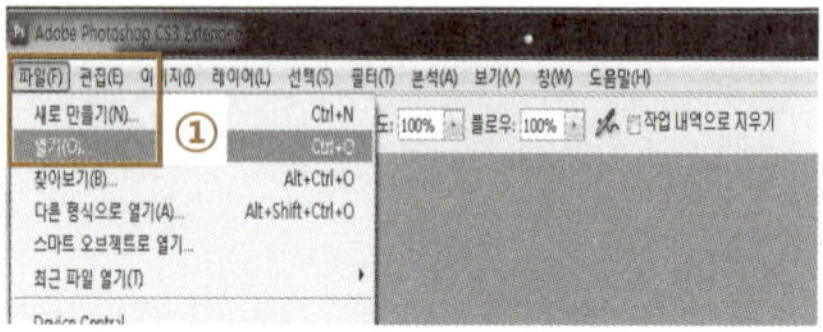
2. ① 도구 박스에서 복제 도장 도구를 클릭한다. ② 옵션 바에서 브러시의 마스터 직경을 45px로 입력하고, ③ '정렬' 옵션의 체크를 해제한다.	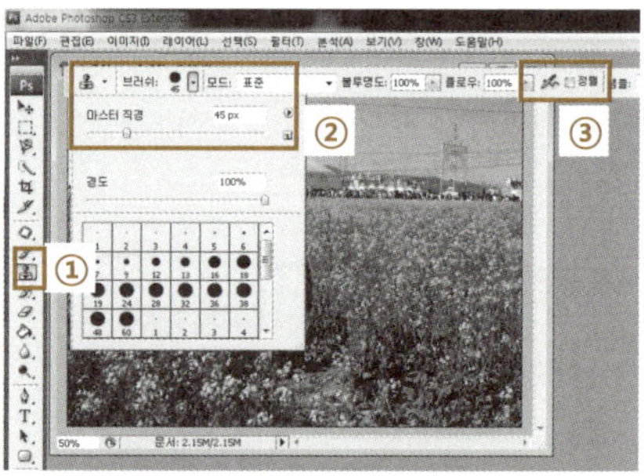
3. ① 이미지 작업창의 복사하고자 하는 부분(머리)에서 Alt를 누르고 클릭한다. ② 오른쪽으로 이동한 후 클릭한 채 드래그하면 똑같이 복사되어 나타난다. 화면과 같이 오른쪽에 똑같이 복제가 되도록 만들어 본다. • 팁(tip): 2번에서 '정렬' 옵션의 체크를 해제하였으므로 마우스에서 손을 뗀 후, 다시 클릭한 채 드래그하면 처음 Alt로 지정한 지점의 이미지부터 복제된다.	

03 힐링브러시와 패치도구로 점 없애기

작 업 순 서	결 과 화 면
1. [파일] 메뉴에서 [열기]를 클릭한다. 예제파일 중에 '딸01.jpg'를 선택하고 열기를 클릭한다.	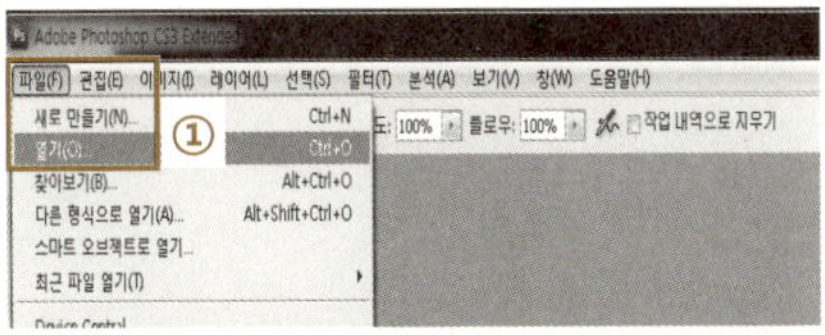
2. ① 도구 박스에서 복구 브러시 도구를 클릭한 후 ② 이미지 작업창의 복사하고자 하는 부분에서 Alt를 누르고 클릭한다. • 팁(tip): 복구 브러시 도구와 패치 도구는 이미지의 주름, 흠, 결점과 같은 것들을 제거할 때 사용한다. 복제 도장 도구와 달리 음영·질감 등의 속성을 보호하면서 수정해 주는 차이가 있다.	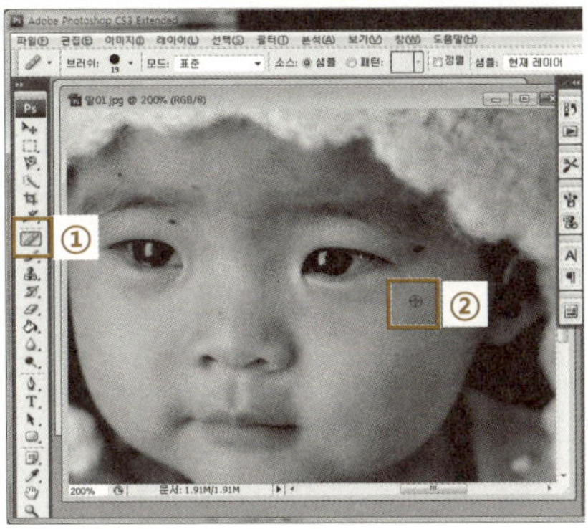
3. ① 이미지 작업창에서 점이 있는 부분을 클릭한 채 드래그하면 2번에서 지정한 지점을 따라 이미지가 복사되면서 점이 감쪽같이 보정된다. 화면에 +표시는 현재 복사하는 부분을 보여준다. • 팁(tip): 복구 브러시 도구는 복제 도장 도구와 사용 방법이 같다.	

4. ① 도구 박스에서 패치 도구를 클릭한 후 옵션바에서 '소스' 옵션을 선택하고 ② 이미지 작업창에서 화면과 같이 오른쪽 볼 밑의 붉은 반점을 원을 그리듯 주위를 드래그하여 선택한다.

• 팁(tip): 브러시 도구를 사용하는 힐링 브러시 도구와는 달리 패치 도구는 영역을 지정하여 이미지를 보정한다.

5. ① 선택 영역을 클릭한 채 ② 복사할 부분, 즉 깨끗한 부분으로 드래그한 후 마우스 단추에서 손을 떼면, 선택 영역 안의 이미지에 드래그한 지점의 이미지가 자연스럽게 복사되면서 붉은 반점이 사라진다.

04 자르기 도구로 증명사진 만들기

작업순서	결과화면
1. [파일] 메뉴에서 [열기]를 클릭한다. 예제파일 중에 '딸03.jpg'를 선택하고 열기를 클릭한다.	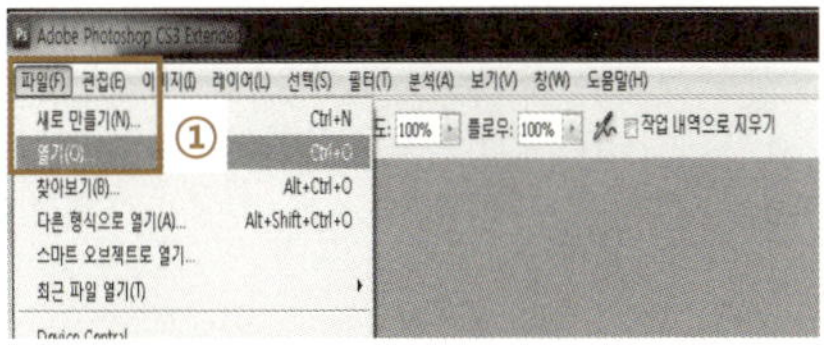
2. ① 도구 박스에서 자르기 도구를 클릭하고, ② 이미지 작업창에서 화면과 같이 드래그하여 자르기 영역을 선택한다. 선택 부분만을 남기고 잘려나갈 부분은 어둡게 변경된다.	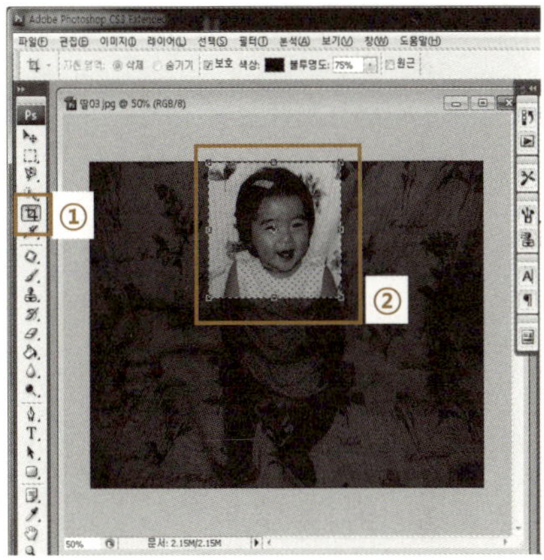

3. 옵션 바의 확인 버튼을 클릭하거나, [Enter↵]를 누르면 선택 부분만을 남기고 나머지 이미지가 잘려진다.

- 팁(tip): 이미지를 사각 선택 도구로 선택한 후 [이미지]-[자르기]를 클릭해도 선택 영역만 남고 나머지 이미지가 잘려진다.

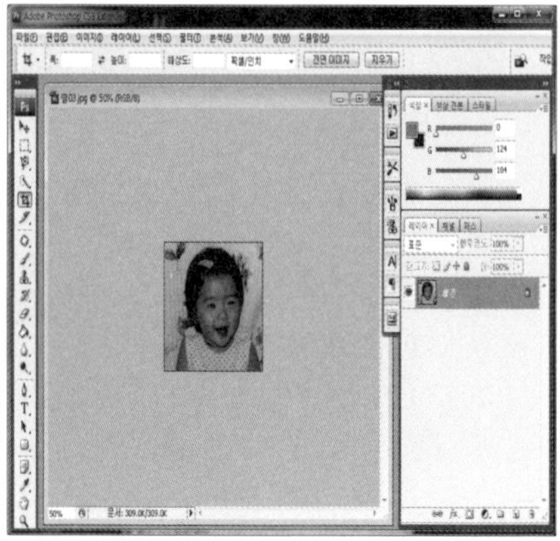

제 3 장

사진 편집 기본

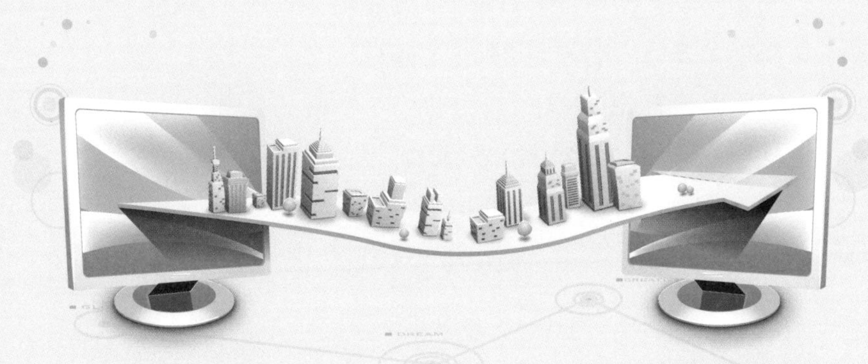

1. 명도/대비로 흐린 사진을 선명하게 만들기
2. 곡선으로 흐린 사진을 선명하게 만들기
3. 레벨로 흐린 사진을 선명하게 만들기
4. 캔버스 크기 조절하기
5. 화면 캡처 후 이미지크기 조절하기

01 명도/대비로 흐린 사진을 선명하게 만들기

<table>
<tr><th>작 업 순 서</th><th>결 과 화 면</th></tr>
<tr><td>1. [파일] 메뉴에서 [열기]를 클릭한다. 예제파일 중에 '딸05.jpg'를 선택하고 열기를 클릭한다.</td><td>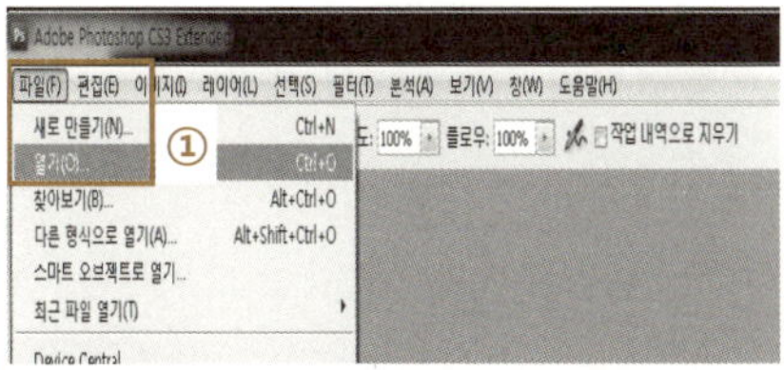
</td></tr>
<tr><td>2. 흐린 사진을 선명하게 만드는 방법 중 명도/대비 효과를 적용한다.
① [이미지] 메뉴에서 [조정]-[명도/대비]를 클릭하여, ② [명도/대비] 대화상자가 나타나면 '명도'는 -15, '대비'는 40으로 설정하고, [확인] 버튼을 클릭한다. 이미지가 선명하게 변경된다.</td><td>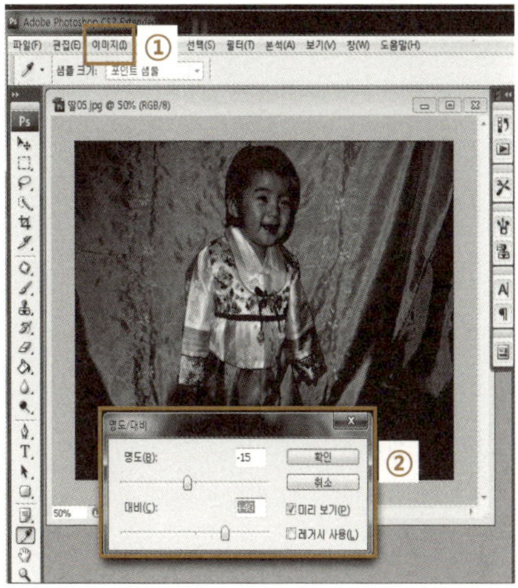
</td></tr>
</table>

02 곡선으로 흐린 사진을 선명하게 만들기

작 업 순 서	결 과 화 면
1. [파일] 메뉴에서 [열기]를 클릭한다. 예제파일 중에 '딸05.jpg'를 선택하고 열기를 클릭한다.	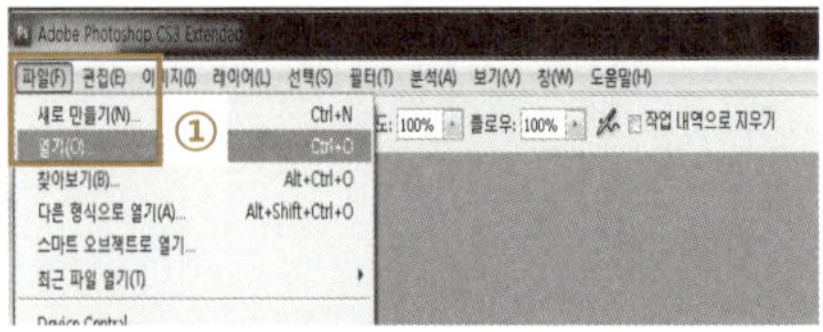
2. 흐린 사진을 선명하게 만드는 방법 중 곡선을 적용한다. ① [이미지] 메뉴에서 [조정]-[곡선]을 클릭하면 [곡선] 대화상자가 나타난다. ② [곡선] 대화상자에서 그래프 상단을 클릭한 채 위쪽으로 드래그하고, ③ 하단을 클릭한 채 아래쪽으로 드래그한 후 [확인] 버튼을 클릭한다. 이미지가 전체적으로 어두워지고 선명해졌지만 불빛은 더욱 밝아졌다. • 팁(tip): 실제로 이미지를 선명하게 할 때 '곡선'과 '레벨'은 결과물에 큰 차이를 보이지 않으므로 가장 편한 방법을 선택하면 된다.	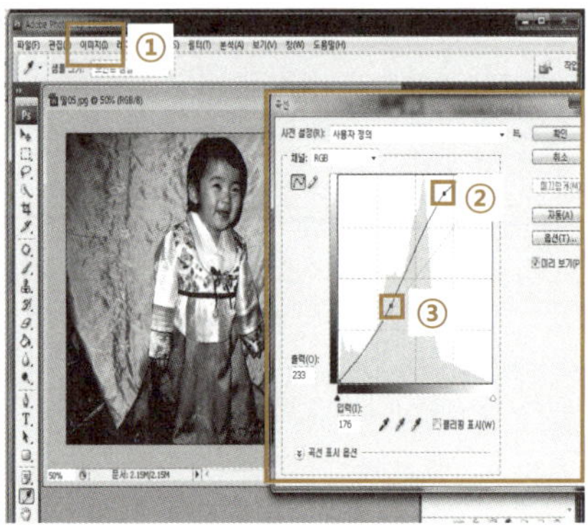

03 레벨로 흐린 사진을 선명하게 만들기

<table>
<tr><th>작 업 순 서</th><th>결 과 화 면</th></tr>
<tr><td>1. [파일] 메뉴에서 [열기]를 클릭한다. 예제파일 중에 '딸05.jpg'를 선택하고 열기를 클릭한다.</td><td>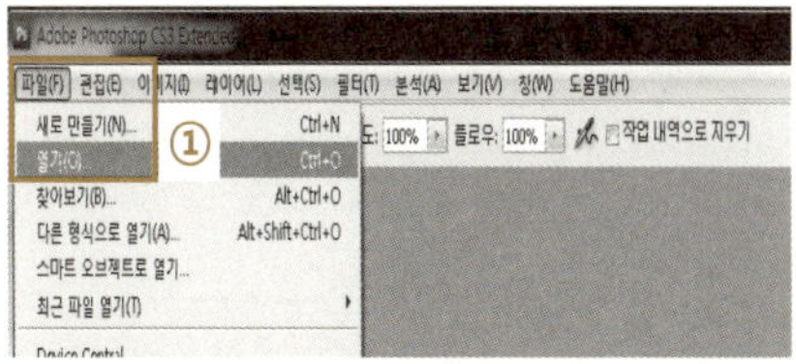
</td></tr>
<tr><td>2. 흐린 사진을 선명하게 만드는 방법 중 레벨을 적용한다.
① [이미지] 메뉴에서 [조정]-[레벨]을 클릭하면 [레벨] 대화상자가 나타난다.
② [레벨] 대화상자에서 '입력 레벨'의 히스토그램에서 흰색 슬라이더를 왼쪽으로 드래그하면 이미지가 밝아진다.

• 팁(tip): 히스토그램은 이미지의 전체적인 명도 분포를 알려준다. 검은색 슬라이더는 이미지의 어두운 부분, 회색 슬라이더는 중간 부분, 흰색 슬라이더는 밝은 부분을 나타낸다.</td><td>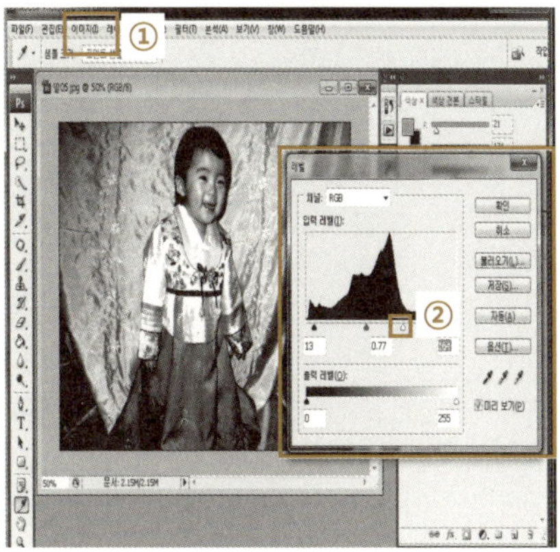
</td></tr>
</table>

04 캔버스 크기 조절하기

<table>
<tr><th>작업순서</th><th>결과화면</th></tr>
<tr><td>1. [파일] 메뉴에서 [열기]를 클릭한다. 예제파일 중에 '딸02.jpg'를 선택하고 열기를 클릭한다.</td><td>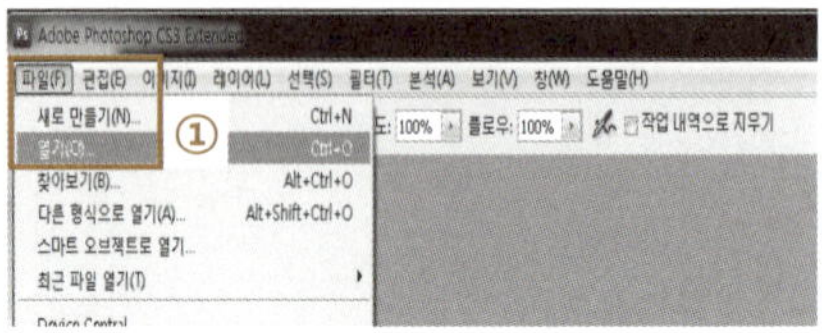
</td></tr>
<tr><td>2. ① [이미지] 메뉴에서 [캔버스 크기]를 클릭한다. ② [캔버스 크기] 대화상자가 나타나면 '폭'과 '높이'에 각각 1100, 700을 입력한 후, ③ '기준' 항목에서 가운데를 클릭하고 [확인] 버튼을 클릭한다.</td><td>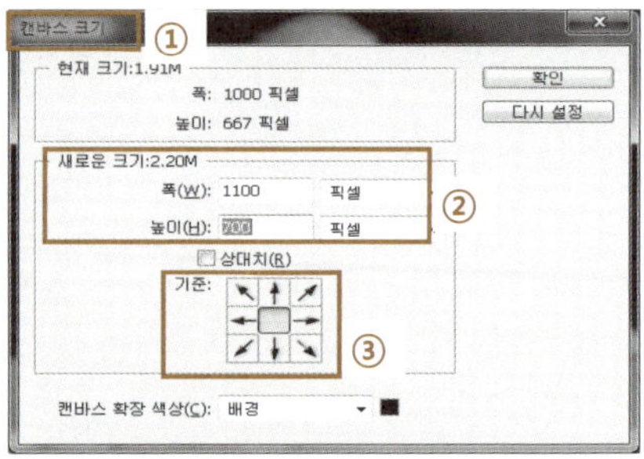
</td></tr>
<tr><td>3. 이미지의 오른쪽과 아래쪽으로 캔버스의 크기가 확장된다. 이때 확장되는 부분은 색상 모드의 배경색으로 채워지게 된다.

• 팁(tip): [이미지 크기]는 이미지의 원본 크기가 확대, 축소되고 [캔버스 크기]는 이미지의 크기에는 변화가 없고 캔버스의 크기만 확대, 축소된다.</td><td>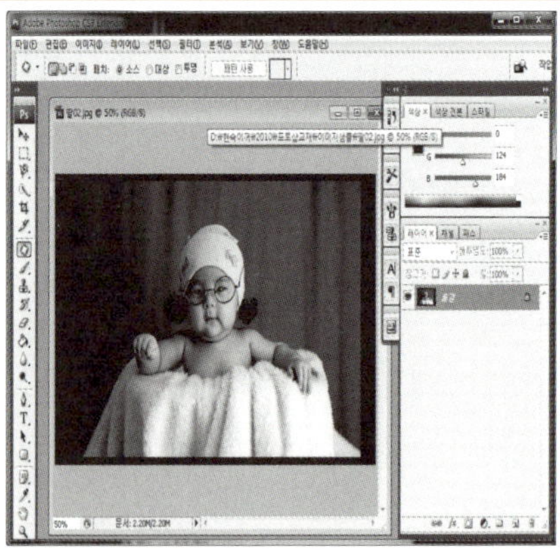</td></tr>
</table>

05 화면 캡처 후 이미지크기 조절하기

작업순서	결과화면
1. ① [시작]-[프로그램]-[인터넷 익스플로러]를 클릭한다. ② 인터넷 익스플로러가 실행되면 주소에 'http://www.daum.net'을 입력한 후 Enter↵를 클릭한다. ③ '다음' 사이트가 나타나면 Print Screen을 눌러 화면을 캡처한다.	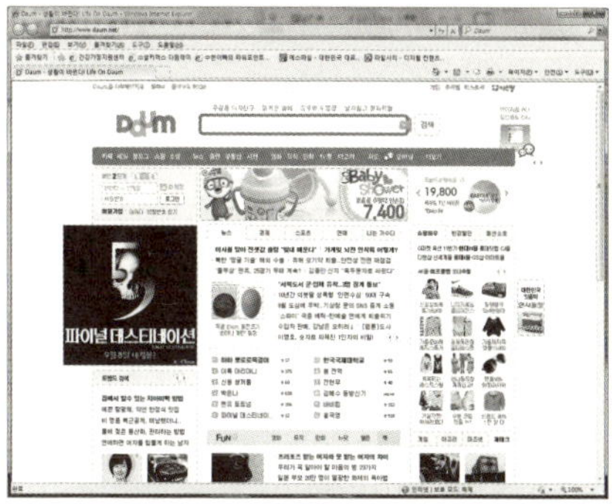
2. ① [시작]-[프로그램]-[Adobe Photoshop]을 클릭하여 포토샵을 실행한다. ② [파일] 메뉴에서 [새로 만들기]를 클릭한다. ③ [새로 만들기] 대화상자가 나타나면, 그대로 확인을 클릭한다. ④ [편집] 메뉴에서 [붙이기]를 클릭한다. 이미지 작업창에 캡처해 둔 이미지가 나타난다. • 팁(tip): [편집]-[붙이기]는 단축키 Ctrl+V로 복사된 이미지를 붙여 넣는 기능이다.	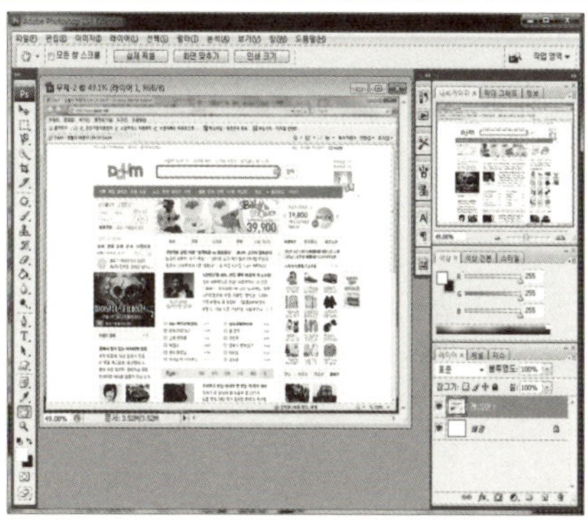

3. ① [이미지] 메뉴에서 [이미지 크기]를 클릭한다. ② [이미지 크기] 대화상자가 나타나면, '비율 제한'의 체크를 해제하고, ③ '픽셀 치수' 옵션의 '폭'을 300으로 설정한 후 [확인]을 클릭한다.

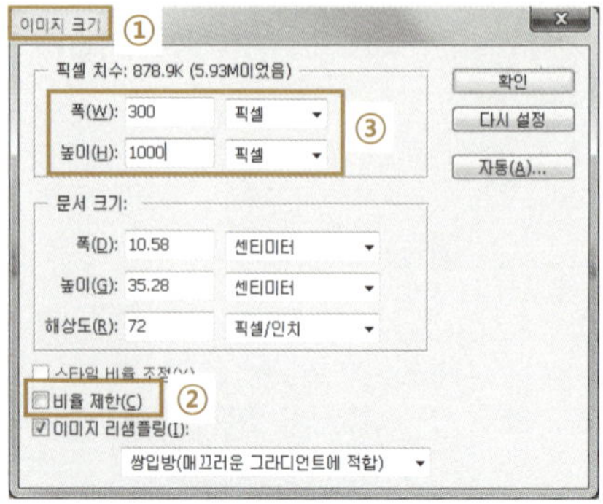

4. 이미지 작업창의 이미지는 가로 크기가 작게 변경되어 세로로 긴 이미지가 된다.

• 팁(tip): 위에서 '비율 제한'에 체크를 하면, 이미지의 '폭'과 '높이'가 비율에 맞추어 조절된다.

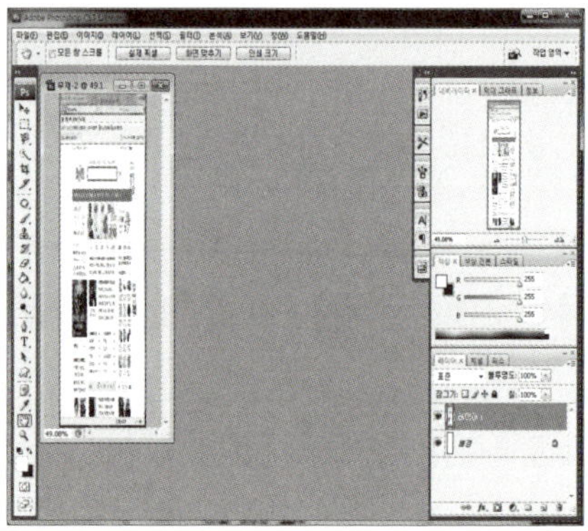

제 4 장

Photoshop & HTML(HyperText Markup Language)

사진 편집 활용

1. 컬러 사진을 흑백 사진으로 만들기
2. 이미지 일부분만 흑백 사진으로 만들기
3. 이미지 일부분만 다른 사진으로 이동하기
4. 이미지 합성으로 해외여행 사진 만들기
5. 예쁜 글자 넣은 폴라로이드 사진 만들기
6. 블렌딩 모드로 뽀샤시한 이미지 만들기

01 컬러 사진을 흑백 사진으로 만들기

<table>
<tr><th>작 업 순 서</th><th>결 과 화 면</th></tr>
<tr><td>1. [파일] 메뉴에서 [열기]를 클릭한다. 예제파일 중에 '아들02.jpg'를 선택하고, 열기를 클릭한다.</td><td>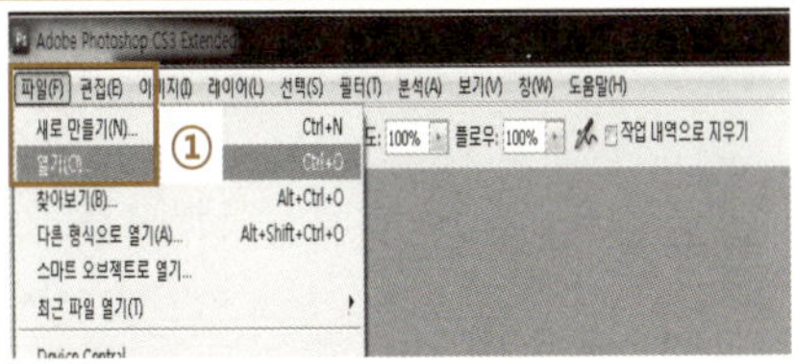
</td></tr>
<tr><td>2. 컬러 사진을 흑백 사진으로 만들기 위해 [이미지] 메뉴에서 [모드]-[회색음영]을 클릭한다.</td><td>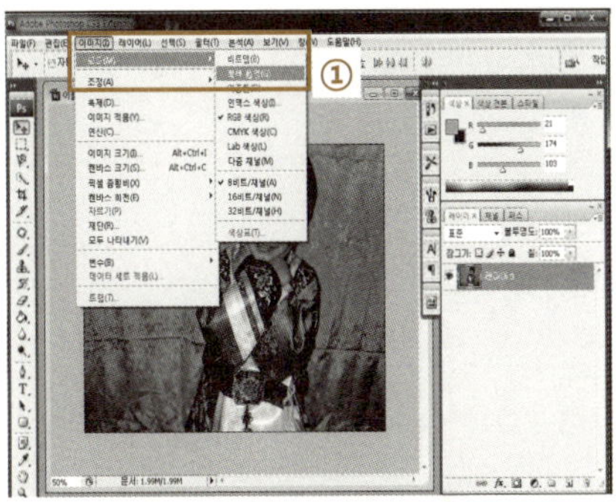
</td></tr>
<tr><td>3. 컬러 정보를 삭제할 것인지 물어보는 메시지 대화상자가 나타나면 [버리기] 버튼을 클릭한다.</td><td>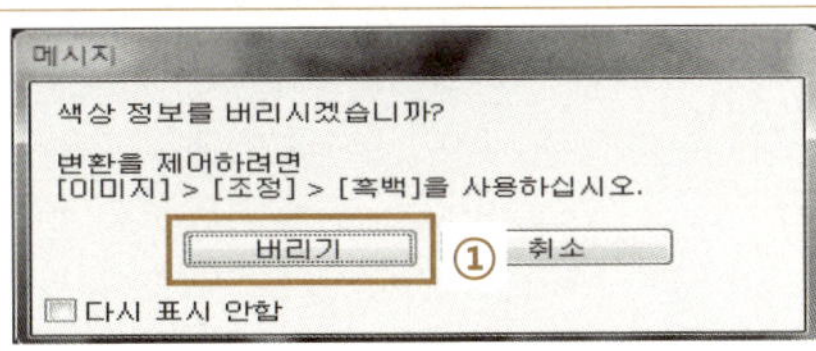
</td></tr>
</table>

4. 이미지가 흑백 사진으로 변경되고, 타이틀 바에는 '회색'으로 표시된다.

• 팁(tip): 회색음영 모드에서는 필터를 사용할 수 없고 컬러 사진과 합성할 수도 없으며 색상을 보정할 수도 없다.

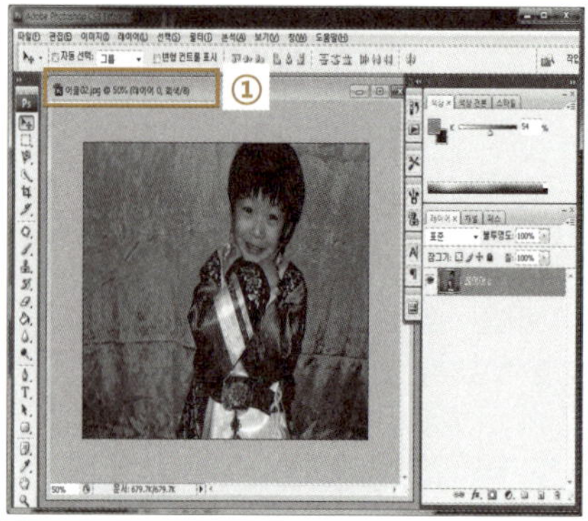

02 이미지 일부분만 흑백 사진으로 만들기

작업순서	결과화면
1. [파일] 메뉴에서 [열기]를 클릭한다. 예제파일 중에 '딸04.jpg'를 선택하고 열기를 클릭한다.	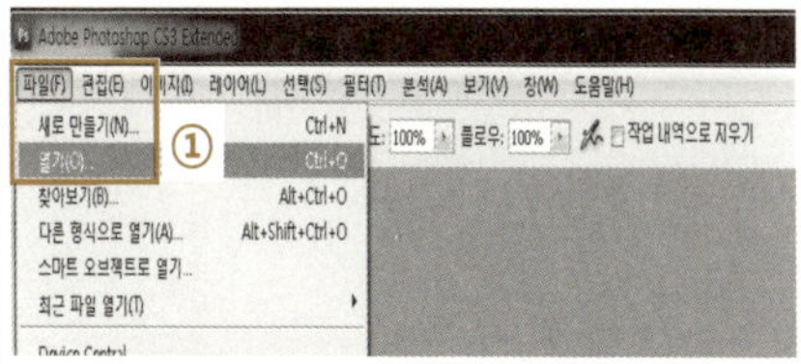
2. 이미지의 일부분만 선택하기 위해 올가미 도구를 이용한다. ① 도구 박스에서 올가미 도구를 클릭한 후, ② 화면과 같이 이미지 주변을 드래그하여 선택 영역을 지정한다. ③ 처음 시작한 지점까지 와서 마우스를 놓으면 선택 영역이 지정된다. • 팁(tip): 올가미 도구를 쓰다 보면 클릭하다가 의도하지 않게 연결선이 엉켜버리는 경우가 많다. 이때 Esc키를 누르면 초기화된다.	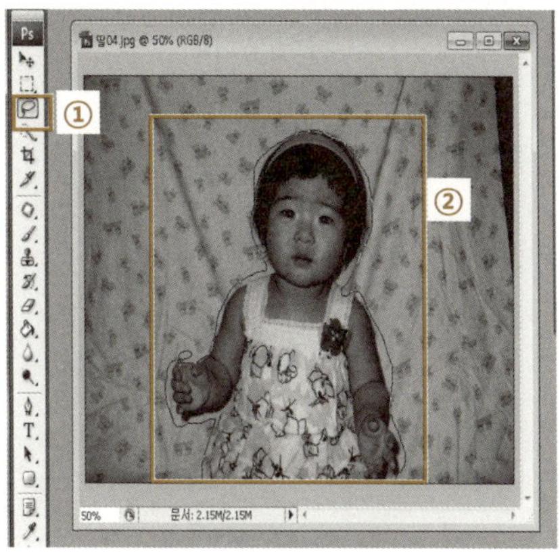

3. 흑백으로 만들 부분은 선택영역과 반대이므로 선택영역을 반대로 설정하고 흑백을 적용한다. ① [선택] 메뉴에서 [반전]을 클릭해서 선택영역을 배경으로 수정한다. ② [이미지] 메뉴에서 [조정]-[채도감소]를 클릭한다. 인물을 제외한 배경 부분만이 흑백으로 변하였다.

• 팁(tip): '채도감소' 기능은 이미지에서 채도를 제거하여 흑백으로 표현한다. 컬러 모드를 그대로 유지하므로 색상을 계속 사용할 수 있고 부분적인 색상 적용도 가능하다.

선택영역 지정(올가미 도구, 다각형 올가미 도구, 자석 올가미 도구)

선택 도구	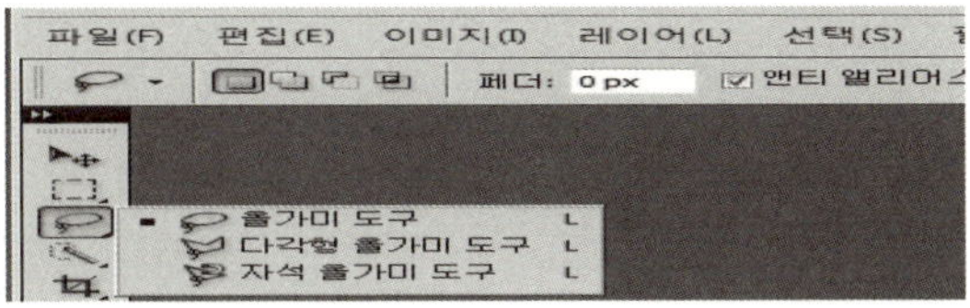
올가미 도구	올가미 도구는 대략적 선택을 할 때 사용하는 도구이다. 마우스를 누른 상태에서 드래그를 해야 선택범위를 만들 수 있다.
다각형 올가미 도구	다각형 올가미 도구는 곡선의 이미지보다는 각이 진 이미지를 선택할 때 효과적이며 클릭할 때마다 직선이 연결되어 선택 범위가 만들어진다. 다른 선택 도구들과는 다르게 선택 영역이 만들어진 후 선택 영역 밖을 클릭하면 다시 다각형 올가미 선택의 시작점이 찍히므로 선택을 해제할 때는 Ctrl+D를 이용한다.
자석 올가미 도구	자석 올가미 도구는 선택하고자 하는 이미지와 배경색의 차이가 분명이 나면서도 불규칙한 경우 유용하게 사용된다. 이미지의 경계에 마우스를 클릭하면 자석처럼 달라붙으면서 선택된다. 선택 중에 다른 방향으로 선택되어지면 Delete를 눌러 선택 점을 단계별로 삭제한다. 이미지의 경계를 마우스로 직접 클릭하면 더욱 정밀하게 선택할 수 있다.

03 이미지 일부분만 다른 사진으로 이동하기

작 업 순 서	결 과 화 면
1. [파일] 메뉴에서 [열기]를 클릭한다. 예제파일 중에 '아들02.jpg'를 선택하고 열기를 클릭한다.	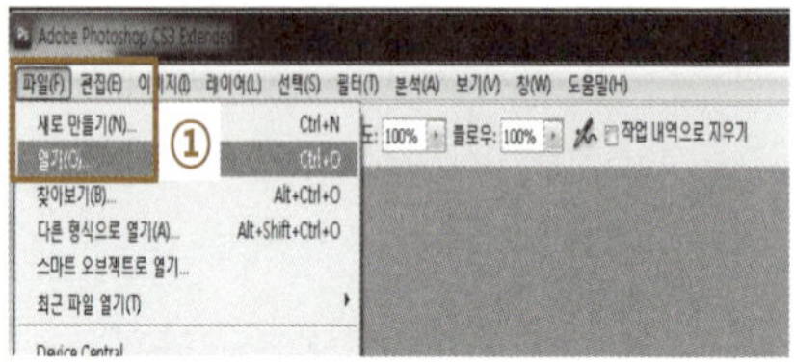
2. 도구 박스에서 사각형 선택 도구를 클릭한다. 이미지 작업창에서 얼굴 부분을 대각선 방향으로 드래그하여 선택한다.	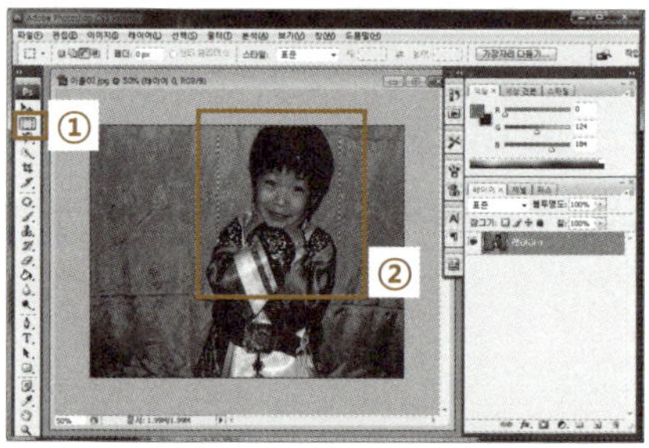
3. 선택영역에 크기, 회전 등을 적용한다. ① 선택 영역이 지정된 상태에서 [선택]-[선택영역 변형]을 선택한다. ② 선택 영역에 조절점이 표시되면 조절점을 드래그하여 선택 영역의 크기를 조정하고, ③ 모서리 바깥쪽에서 드래그하여 얼굴 이미지와 평행을 이룰 수 있도록 회전한다. ④ 옵션 바의 확인 단추를 클릭하거나 Enter↵를 클릭하여 선택 영역의 변형을 완료한다.	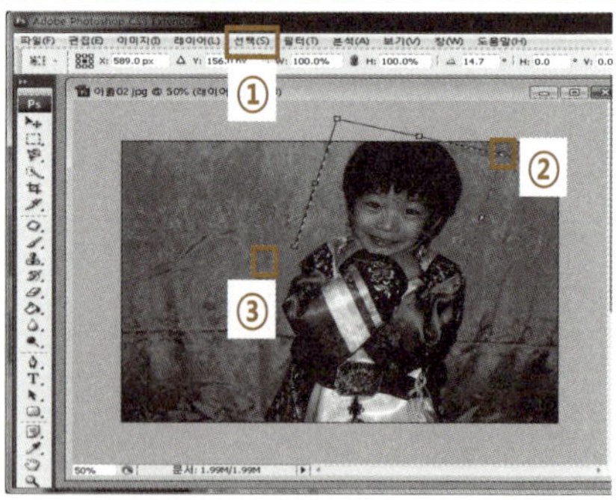

4. 배경02 파일에 선택한 이미지를 붙여넣는다.

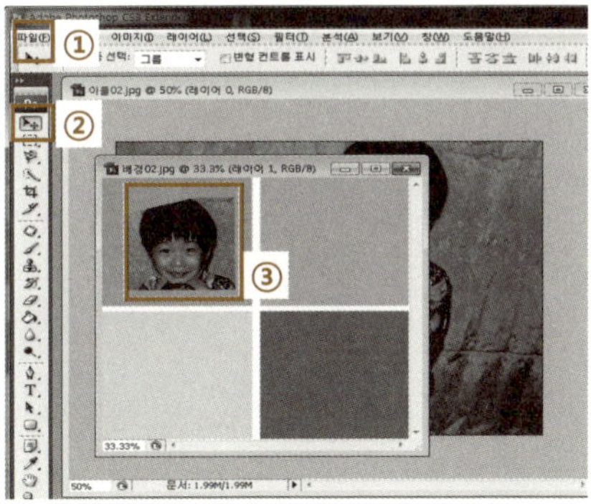

① [파일] 메뉴에서 [열기]를 클릭한다. 예제파일 중에 '배경02.jpg'를 선택하고 열기를 클릭한다. ② 도구 박스에서 이동도구를 클릭한 후, '아들02.jpg' 파일의 얼굴을 '배경02.jpg' 파일로 드래그하여 복사한다. ③ 복사된 얼굴이미지를 Ctrl+T를 눌러 선택 영역에 조절점이 표시되면, 조절점을 드래그하여 선택 영역의 크기를 조정하고, 옵션 바의 확인 단추를 클릭하여 선택 영역의 변형을 완료한다.

5. 크기를 350 픽셀 크기로 정확하게 변경한다. Ctrl+T를 눌러 선택 영역에 조절점을 표시한다. ① 옵션에서 단위가 %이므로 'H'의 수치 입력 창에서 마우스 오른쪽버튼을 클릭하면 나타나는 바로 가기 메뉴에서 [픽셀]을 선택하여 단위를 변경한다. 단위가 변경되었으면 350를 입력한 후, Enter↵를 눌러 이미지 변형을 완료한다. ② 도구 박스에서 이동 도구를 클릭하여 이미지를 적당한 곳으로 이동한다.

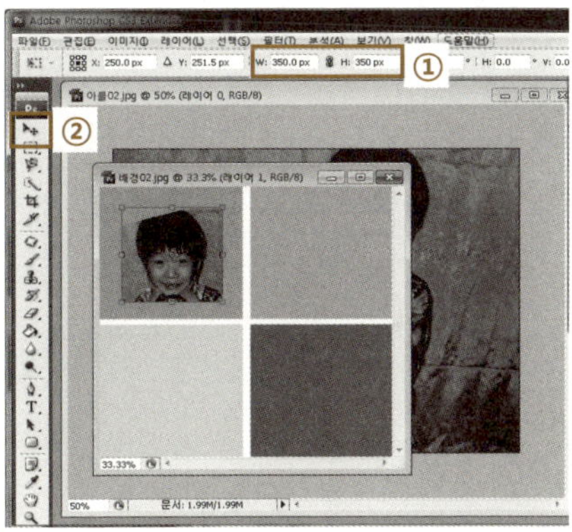

04 이미지 합성으로 해외여행 사진 만들기

<table>
<tr><th>작업순서</th><th>결과화면</th></tr>
<tr><td>1. [파일] 메뉴에서 [열기]를 클릭한다. 예제파일 중에 '딸05.jpg'를 선택하고 열기를 클릭한다.</td><td>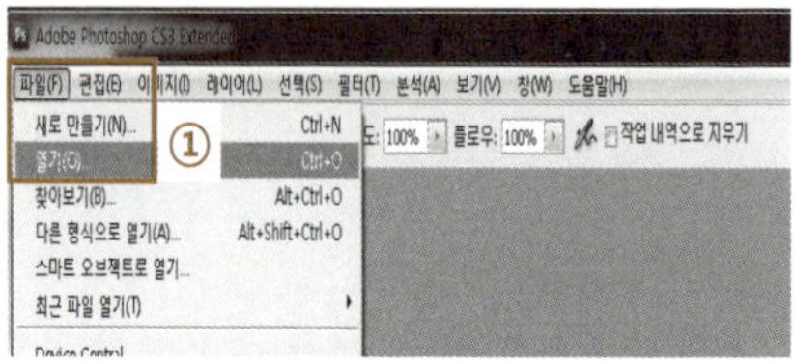
</td></tr>
<tr><td>2. 이미지 작업창에서 '인물사진'을 복사하기 위해 ① 도구 박스에서 빠른 선택 도구를 클릭한다. ② 인물을 따라 드래그하면 선택 영역으로 지정된다. ③ 선택한 영역의 '인물사진'을 복사하기 위해 [편집] 메뉴에서 [복사]를 클릭한다.

• 팁(tip): 빠른 선택 도구는 색상을 기준으로 선택한다는 점에서 자동선택 도구와 기능이 유사하지만, 브러시의 모양과 크기를 이용해 마우스를 드래그하면서 선택 영역을 조절할 수 있다는 점에서 훨씬 편리한 도구이다.

• 팁(tip): 복사 명령의 단축키는 Ctrl+C이다.</td><td>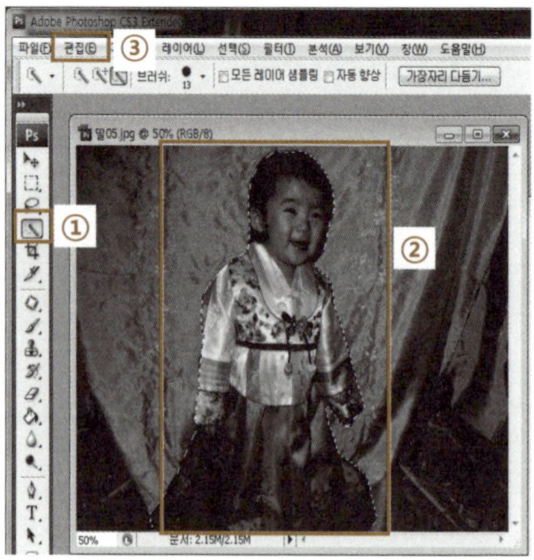
</td></tr>
</table>

3. 배경01 이미지에 선택된 '인물사진'을 이동시킨다. ① [파일] 메뉴에서 [열기]를 클릭한다. 예제파일 중에 '배경01.jpg'를 선택하고 열기를 클릭한다. ② 배경01 이미지를 선택한 후 [편집] 메뉴에서 [붙여넣기]를 클릭한다. ③ [레이어] 패널을 보면 인물이 복사되면서 새로운 레이어가 자동으로 생성되었다.

• 팁(tip): 붙여넣기 명령의 단축키는 Ctrl + V이다.

4. ① 도구 박스에서 이동 도구를 클릭한 후, ② 인물사진을 마우스로 드래그하면 '인물사진'을 원하는 곳으로 이동시킬 수 있다.

5. ① [편집] 메뉴에서 [붙여넣기]를 실행하면 추가로 '인물사진'이 나타나며, 도구 박스에서 이동 도구를 이용하여 화면과 같이 '인물사진'을 추가로 복사하고 배치한다. [편집] 메뉴에서 [변형]-[가로로 뒤집기]를 클릭하면 좌우로 방향을 전환할 수도 있다.

6. 레이어를 보면 얼굴 레이어가 두 개인 것을 확인할 수 있다.

• 팁(tip): 컴퓨터에서 복사한 내용은 '클립보드'라는 곳에 일시적으로 저장된다. 클립보드에 저장된 내용은 새로운 내용을 복사하지 않는 한 전에 복사한 내용을 그대로 저장하고 있다. 그러므로 [붙여넣기] 메뉴만 반복하면 전에 복사한 인물사진을 그대로 붙여넣을 수 있다.

05 예쁜 글자 넣은 폴라로이드 사진 만들기

<table>
<tr><th>작 업 순 서</th><th>결 과 화 면</th></tr>
<tr><td>1. [파일] 메뉴에서 [열기]를 클릭한다. 예제파일 중에 '딸03.jpg'를 선택하고 열기를 클릭한다.</td><td>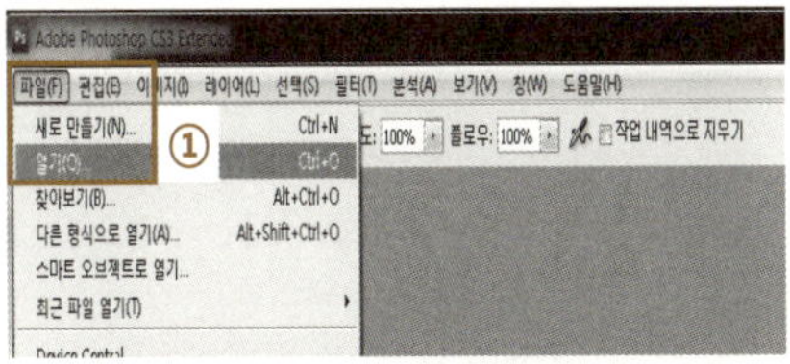
</td></tr>
<tr><td>2. 사진 주변으로 흰색 바탕을 넣어 폴라로이드 배경을 만들기 위해 ① 도구 박스에서 전경색 밑에 있는 배경색을 흰색으로 지정한다. ② 이미지 작업창의 모서리부분을 바깥방향으로 드래그하여 이미지 작업창의 크기를 늘린다.</td><td>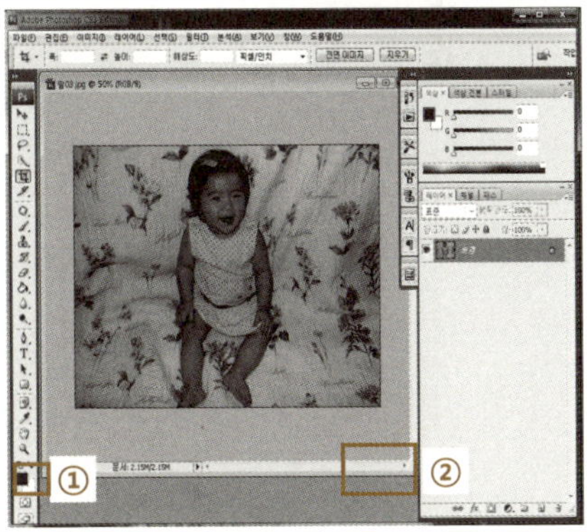
</td></tr>
</table>

3. ① 도구 박스에서 자르기 도구를 클릭한 후, ②마우스를 드래그하여 이미지 전체를 선택한다. ③ 왼쪽 중앙, 오른쪽 중앙, 위 중앙, 아래 중앙에 있는 조절점을 바깥방향으로 드래그하여 이미지보다 크게 선택 영역을 늘린다. ④ 선택한 영역의 안쪽에서 마우스를 더블 클릭하거나, 옵션 바의 확인을 클릭하면 흰색 배경의 폴라로이드 사진이 만들어진다.

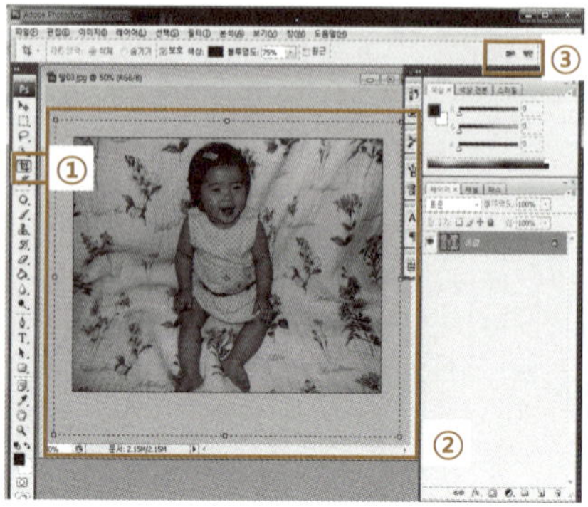

4. ① 도구 박스에서 수평 문자 도구를 클릭한 후, ② 옵션에서 글꼴 'HY헤드라인M', 글자 크기 '60pt', '강하게'를 선택하고 글자색을 지정한다. ③ 글자시작위치에 클릭한 후, "천사의 미소~!"라고 글자를 입력한 후 확인을 클릭한다.

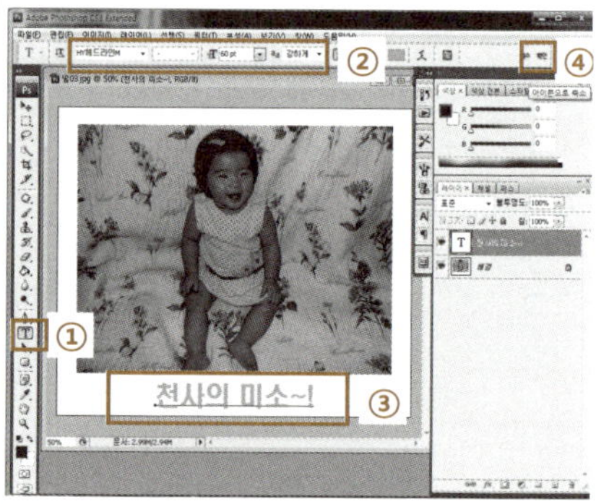

5. 입력한 글자에 효과를 주기 위해 글자가 입력된 레이어에서 ① 레이어 패널 아래에 있는 두 번째 아이콘인 레이어 스타일 아이콘을 클릭한 후 [경사와 엠보스]를 클릭한다.

• 팁(tip): [경사와 엠보스]는 이미지나 텍스트를 입체적으로 보이게 만드는 효과이다.

6. ① [레이어 스타일] 대화상자에서 '내부경사' 스타일을 선택하고, ② '각도(빛의 방향)'을 '150도'로 입력한 후 [확인]을 클릭한다. 입력한 글자가 입체적으로 변경된다.

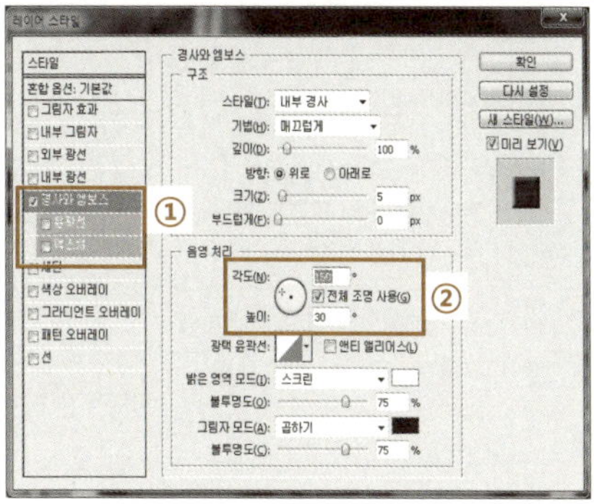

7. 입체적으로 변한 글자에 그림자 효과를 적용하기 위해 [그림자 효과] 메뉴를 클릭한다. [레이어 스타일] 대화 상자에서 그림자 색상을 지정하고 '거리'를 '5px'로 입력한 후, [확인]을 클릭한다.

- 팁(tip): [그림자 효과]는 이미지나 텍스트의 바깥쪽에 그림자를 생성한다.
- 팁(tip): '거리'에서는 그림자가 생성되어 표시될 간격을 설정한다. 값이 높을수록 그림자는 레이어 이미지에서 멀리 생성된다.

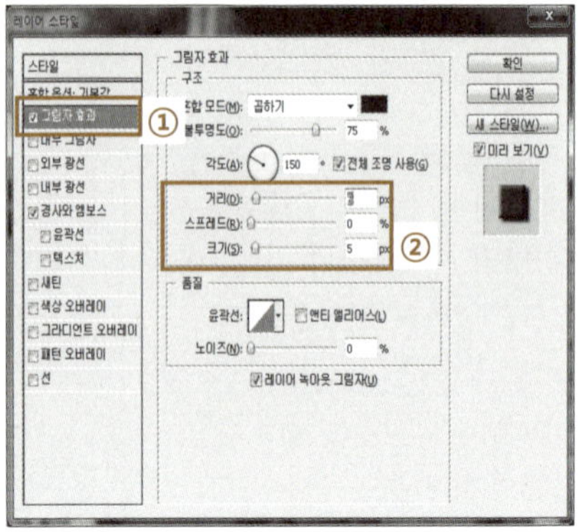

8. 글자가 입력된 레이어에 입체 효과와 그림자 효과가 동시에 적용되면서 입체 문자가 완성된다.

- 팁(tip): [레이어] 패널을 보면 선택한 레이어 스타일 항목이 보인다. 이 항목을 더블 클릭하면 언제든지 레이어 스타일을 수정 및 편집할 수 있다.

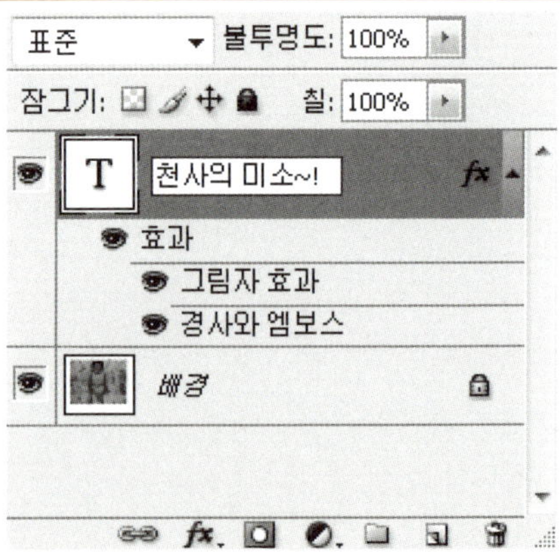

문자 패널과 단락 패널

<table>
<tr><th>문자 패널</th><th>설 명</th></tr>
<tr><td>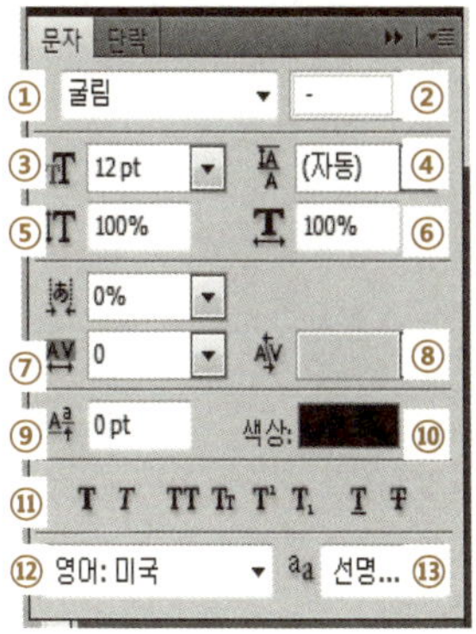
</td>
<td>① 글꼴 변경: 다양한 글꼴을 선택할 수 있다.
② 글꼴 스타일: 다양한 글꼴 스타일을 선택할 수 있다.
③ 글자 크기: 글자 크기를 설정할 수 있다.
④ 행간 조절: 문장과 문장 사이의 간격을 조절한다.
⑤ 높이 수정: 글자의 높이를 조절한다.
⑥ 장평 수정: 글자의 너비를 조절한다.
⑦ 자간: 문장의 자간을 조절한다.
⑧ 커닝: 글자와 글자 사이의 간격을 조절한다.
⑨ 글자 위치 지정: 글자 기준선이 세로 위치를 설정한다.
⑩ 글자 색상: 글자 색상을 설정할 수 있다.
⑪ 글자 스타일 지정: 글자의 굵기, 이탤릭, 소문자, 대문자, 밑줄, 중간줄 등을 적용한다.
⑫ 영어 스펠링 체크 기준 언어: 선택한 언어의 오타를 체크할 수 있다.
⑬ 문자 경계: 문자 경계 부분의 처리를 적용한다.</td></tr>
</table>

<table>
<tr><th>단락 패널</th><th>설 명</th></tr>
<tr><td>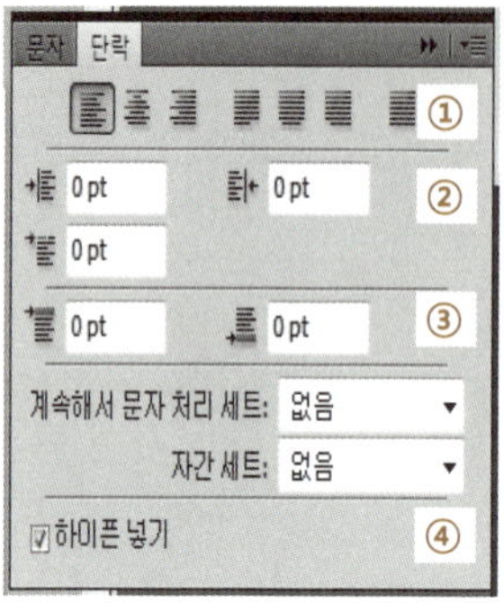
</td><td>① 문단 정렬: 선택한 문단을 문단 박스 안에서 정렬한다. 문단을 선택하지 않을 경우에는 글자가 들어있는 레이어 전체 문단이 정렬된다.
② 문단 들여쓰기: 문단 박스 내에서 문단 들여쓰기를 결정한다. 수치를 직접 입력하고 Enter↵를 누르면 문단에 적용된다.
③ 문단 사이 간격 조절하기: 선택한 문단의 위, 아래 줄 간격을 조절한다.
④ 하이픈 연결하기: 영문을 입력할 때 영어 단어가 다음 줄로 넘어가면 자동으로 하이픈(-)이 생기는 기능이다.</td></tr>
</table>

06 블렌딩 모드로 뽀샤시한 이미지 만들기

작업순서	결과화면
1. [파일] 메뉴에서 [열기]를 클릭한다. 예제파일 중에 '딸03.jpg'를 선택하고 열기를 클릭한다.	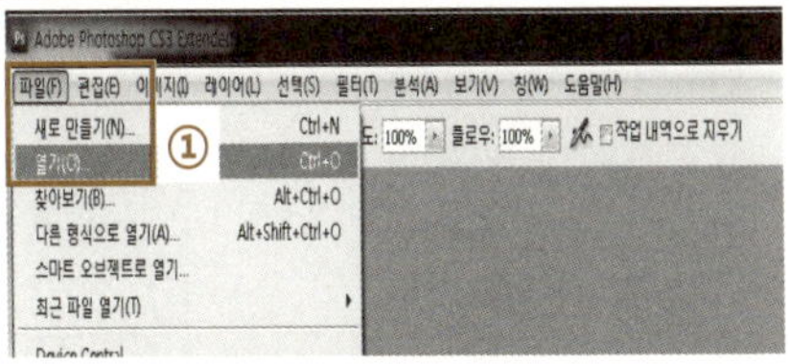
2. ① [레이어] 패널에서 '배경' 레이어를 새 레이어 만들기 아이콘으로 드래그하여 레이어를 복사한다. 새로운 '배경 사본' 레이어가 생성되었다.	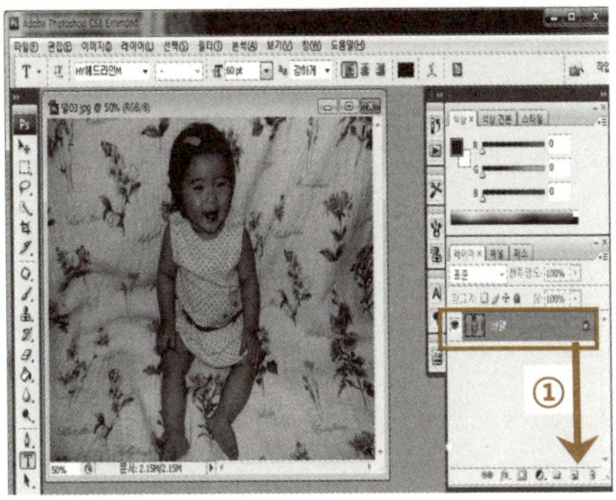

3. 복제한 레이어의 이미지를 흐리게 만들기 위해 ① [필터] 메뉴에서 [흐림 효과]-[가우시안 흐림 효과]를 클릭한다. ② [가우시안 흐림 효과] 대화상자가 나타나면, '반경'의 수치를 '5'가 되도록 조절하고 [확인]을 클릭한다. 이미지가 초점이 안맞는 것처럼 흐리게 바뀌었다.

• 팁(tip): '반경'은 이미지가 흐리게 되는 정도를 말한다. 수치가 높을수록 이미지가 더 흐려진다.

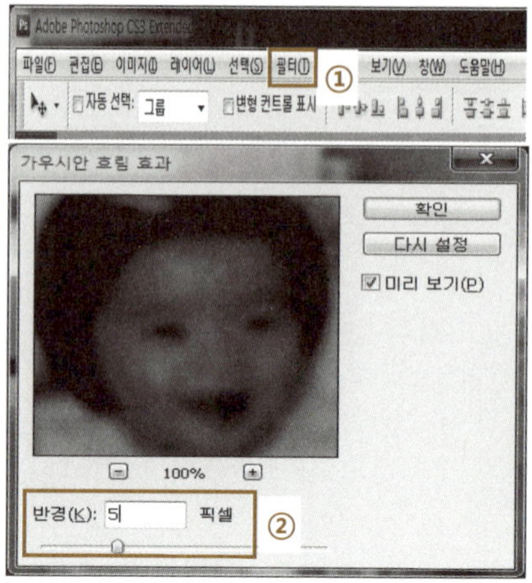

4. ① [레이어] 패널의 '블렌딩 모드'의 목록 내림 단추를 클릭하여 '스크린'을 선택한다.

• 팁(tip): 블렌딩 모드는 현재 레이어와 바로 아래 레이어의 다양한 합성 방법을 선택할 수 있는 기능이다. 스크린 모드는 아래 레이어와 합쳐지면서 밝은 색상이 우선하는 모드이다.

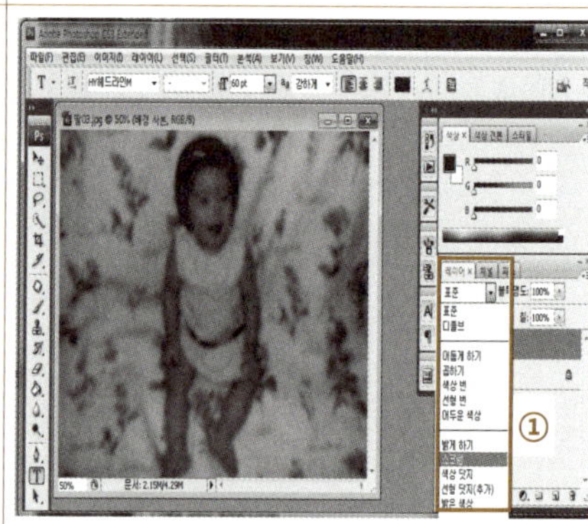

5. 두 레이어가 합성되면서 이미지가 밝아진다. 이미지를 조금 더 보정하기 위해 ① 레이어 팔레트에 [조정 레이어] 패널에서 곡선을 클릭한다. [곡선] 대화상자에서 오른쪽 위의 밝은 톤과 왼쪽 아래의 어두운 톤을 드래그하여 명암과 대비를 조절하면 한층 더 뽀샤시한 이미지를 만들 수 있다.

제 5 장

Photoshop & HTML(HyperText Markup Language)

창업자 실전 포토샵 활용

01 실전 포토샵 활용 1

조 건

원본 이미지	실전01-1(원본).jpg		
파일저장 규칙	PSD JPG	파일명	실전01-1(완성).psd 실전01-1(완성).jpg
		크기	400×300 pixels

1. 그림 효과
   ① 복제 후 변형: 요트
   ② 도구 사용: 파도 모양(임의의 2가지 색상)
2. 문자 효과
   ① 요트와 바다(궁서, 40pt), 레이어 스타일-그림자 효과, 선(1px, #ffffff), 그라디언트 오버레이-흰색에서 파란색으로, 상하 방향

결 과 화 면

〈출처: 한국생산성본부〉

작 업 과 정

〈작업과정 요약〉

1. 새 캔버스 만들기와 저장 → 2. 원본 이미지 이동 → 3. 이미지 복제 및 변형 → 4. 파도 모양 만들기 → 5. 문자 작업 → 6. 파일 저장

〈작업과정 상세〉

1. 새 이미지 작업창 만들기와 저장

① 새 이미지 작업창을 만들기 위해 [파일]-[새로 만들기](Ctrl+N)를 선택하고, [새로 만들기] 대화상자가 표시되면 '폭'은 400픽셀, '높이'는 300픽셀, '해상도'는 72픽셀/인치, '색상 모드'는 RGB칼라모드, 8bit로 설정하고 [확인]을 클릭한다.

② 파일을 저장하기 위해 [파일]-[다른 이름으로 저장] 대화상자에서 '저장위치'를 [내문서] 폴더로 지정하고 '파일 이름'을 실전01-1(완성)으로 입력한다.
③ '형식'에서 저장 방식을 Photoshop형태로 지정한 후 [저장]을 클릭한다.
④ [파일]-[열기](Ctrl+O)를 선택하고 '실전01-1(원본)'을 불러온다.

2. 원본 이미지 이동

① 도구 박스에서 이동 도구를 클릭한 후 '실전01-1(원본)' 창의 이미지를 드래그하여 작업창으로 이동한다.
② 레이어 팔레트의 '레이어 1'을 더블클릭하여 레이어의 이름을 "바다"로 바꾼다.

3. 이미지 복제 및 변형

① 도구 박스에서 자석 올가미 도구를 클릭한 후, 작업창의 요트 이미지를 선택 영역으로 설정한다.
② 도구 박스에서 이동 도구를 클릭하고, Alt+드래그하여 이미지를 복제한다.
③ Ctrl+T를 눌러 크기와 위치를 조절하고 Enter↵를 누른다.
④ Ctrl+D를 눌러 선택 영역을 해제한다.

4. 파도 모양 만들기

① 도구 박스에서 사용자 정의 모양 도구를 클릭한 후 옵션 바에서 '옵션 모드'를 모양 레이어, '모양'은 파도, '색상'은 #ffffff로 설정하고 드래그하여 이미지를 그린다.
② 레이어 팔레트의 '모양 1'을 더블클릭하여 레이어의 이름을 "물결"로 바꾼다.
③ 도구 박스에서 이동 도구를 클릭하고 Alt+드래그하여 물결 이미지를 복사한다.
④ Ctrl+T를 눌러 크기와 위치를 조절하고 Enter↵를 클릭한 후, 레이어의 이름을 "물결1"로 바꾼다.
⑤ '물결1' 레이어의 레이어 축소판을 더블클릭하여 색을 #ffff00으로 설정한다.

5. 문자 작업

① 도구 박스에서 수평 문자 도구 [T]를 클릭하고 옵션 바에서 '글꼴'은 궁서, '글꼴 크기'는 40pt로 설정한다. 글자를 입력할 위치를 마우스로 클릭한 후 "요트와 바다"를 입력한다.

② 레이어 스타일의 [그라디언트 오버레이]를 선택하고 '그라디언트'를 클릭한다.

③ [그라디언트 편집기] 대화상자의 그라디언트 슬라이드 왼쪽 하단 부분의 '색상 정지점'을 더블클릭한다. [색상 피커] 대화상자의 '색상'은 #0000ff를 입력한 후 [확인]을 클릭한다. 오른쪽 '색상 정지점'을 더블클릭하여 '색상'을 #ffffff로 입력한 후 [확인]을 클릭한다.

④ 레이어 스타일 추가의 [선]을 선택하고 '크기'는 1px, '색상'은 #ffffff로 설정한다.

⑤ 레이어 스타일 추가의 [그림자 효과]를 선택한 후 [확인]을 클릭한다.

6. 파일 저장

① [파일]-[저장](Ctrl+S)를 눌러 파일을 저장한다.

② JPG 파일로 저장하기 위해 [파일]-[다른 이름으로 저장](Shift+Ctrl+S)을 선택하여 [다른 이름으로 저장] 대화상자를 표시한다.

③ '저장 위치'를 [내문서] 폴더로 지정한다.

④ '형식'에서 저장 방식을 JPEG(*.JPG;*.JPEG;*.JPE)로 지정한다.

⑤ '파일 이름'을 실전01-1(완성)으로 입력한다.

02 실전 포토샵 활용 2

조 건

원본 이미지	실전02-1(원본).jpg		
파일저장 규칙	PSD JPG	파일명	실전02-1(완성).psd 실전02-1(완성).jpg
		크기	450×300 pixels

1. 그림 효과
   ① 복제 후 변형: 파란 꽃
   ② 도구 사용: 왼쪽창을 도장 도구를 이용하여 벽면 복사
2. 문자 효과
   ① 봄(바탕, 120pt, #ff0066)
   ② 나들이..(바탕, 38pt, #990066)
   ③ 옷깃속으로 봄바람이 들어옵니다.(바탕, 15pt, #330033)

결 과 화 면

〈출처: 한국생산성본부〉

작 업 과 정

〈작업과정 요약〉

1. 새 이미지 작업창 만들기와 저장 → 2. 이미지 복제 및 변형 → 3. 나뭇잎 모양 만들기 → 4. 문자 작업 → 5. 파일 저장

〈작업과정 상세〉

1. 새 이미지 작업창 만들기와 저장

① 새 이미지 작업창을 만들기 위해 [파일]-[새로 만들기](Ctrl+N)를 선택하고, [새로 만들기] 대화상자가 표시되면 '폭'은 450픽셀, '높이'는 300픽셀, '해상도'는 72픽셀/인치, '색상 모드'는 RGB칼라모드, 8bit로 설정하고 [확인]을 클릭한다.

② 파일을 저장하기 위해 [파일]-[다른 이름으로 저장] 대화상자에서 '저장위치'를 [내문서] 폴더로 지정하고 '파일 이름'을 실전02-1(완성)으로 입력한다.
③ '형식'에서 저장 방식을 Photoshop형태로 지정한 후 [저장]을 클릭한다.
④ [파일]-[열기](Ctrl+O)를 선택하고 '실전02-1(원본)'을 불러온다.

2. 이미지 복제 및 변형

① 이동 도구를 클릭한 후 '실전02-1(원본).jpg' 창의 이미지를 드래그하여 작업창으로 이동한다.
② 복제 도장 도구를 클릭하고 왼쪽 창문을 지운다. 이때 원본 이미지의 벽면에서 Alt+클릭하고 복제할 위치에서 드래그한다.
③ 복제할 원본인 파란 장미를 자동 선택 도구를 클릭하여 선택 영역으로 설정한다.
④ Ctrl+J를 눌러 이미지 2개를 복사하고 Ctrl+T를 눌러 크기와 위치를 조절하고 Enter↵를 누른다.

3. 나뭇잎 모양 만들기

① 도구 박스에서 사용자 정의 모양 도구를 클릭한 후 옵션 바에서 '옵션모드'를 모양 레이어, '모양'은 헤데라2, '색상'은 #99cc33으로 선택하고 드래그하여 이미지를 그린다.
② 레이어 팔레트에서 '불투명도'를 70%로 설정한다.
③ Ctrl+T를 눌러 크기와 위치를 조절한다.

4. 문자 작업

① 수평 문자 도구를 클릭하고 옵션 바에서 '글꼴'은 바탕, '글꼴 크기'는 120pt, '색상'은 #ff0066으로 설정한다. 글자를 입력할 위치를 마우스로 클릭한 후 "봄"을 입력한다.
② 수평 문자 도구를 클릭하고 옵션 바에서 '글꼴'은 바탕, '글꼴 크기'는 38pt, '색상'은 #990066으로 설정한다. 글자를 입력할 위치를 마우스로 클릭한 후 "나들이.."를 입력한다.
③ 수평 문자 도구를 클릭하고 옵션 바에서 '글꼴'은 바탕, '글꼴 크기'는 15pt, '색상'은 #330033으로 설정한다. 글자를 입력할 위치를 마우스로 클릭한 후 "옷깃속으로 Enter↵ 봄바람이 들어옵니다."를 입력한다.

5. 파일 저장

① [파일]-[저장](Ctrl+S)를 눌러 파일을 저장한다.
② JPG 파일로 저장하기 위해 [파일]-[다른 이름으로 저장](Shift+Ctrl+S)를 선택하여 [다른 이름으로 저장] 대화상자를 표시한다.
③ '저장 위치'를 [내문서] 폴더로 지정한다.
④ '형식'에서 저장 방식을 JPEG(*.JPG;*.JPEG;*.JPE)로 지정한다.
⑤ '파일 이름'을 실전02-1(완성)으로 입력한다.

03 실전 포토샵 활용 3

조 건

<table>
<tr><td>원본
이미지</td><td colspan="3">실전03-1(원본).jpg</td></tr>
<tr><td rowspan="2">파일저장
규칙</td><td rowspan="2">PSD
JPG</td><td>파일명</td><td>실전03-1(완성).psd
실전03-1(완성).jpg</td></tr>
<tr><td>크기</td><td>400×260 pixels</td></tr>
</table>

1. 그림 효과
   ① 복제: 조개, 진주
   ② 모양 도구 사용: 도넛 모양 (#00ccff)
2. 문자 효과
   ① 환상의 바다 (돋움, 28pt, #0099ff)
   ② 스노쿨링 천국(돋움, 24pt, #0099ff), 레이어 스타일-그림자 효과

결과화면

〈출처: 한국생산성본부〉

작 업 과 정

〈작업과정 요약〉

1. 새 이미지 작업창 만들기와 저장 → 2. 이미지 복제 및 변형 → 3. 도넛 모양 만들기 → 4. 문자 작업 → 5. 파일 저장

〈작업과정 상세〉

1. 새 이미지 작업창 만들기와 저장

① 새 이미지 작업창을 만들기 위해 [파일]-[새로 만들기](Ctrl+N)를 선택하고, [새로 만들기] 대화상자가 표시되면 '폭'은 400픽셀, '높이'는 260픽셀, '해상도'는 72픽셀/인치, '색상 모드'는 RGB칼라모드, 8bit로 설정하고 [확인]을 클릭한다.

② 파일을 저장하기 위해 [파일]-[다른 이름으로 저장] 대화상자에서 '저장위치'를 [내문서] 폴더로 지정하고 '파일 이름'을 실전03-1(완성)으로 입력한다.
③ '형식'에서 저장 방식을 Photoshop형태로 지정한 후 [저장]을 클릭한다.
④ [파일]-[열기](Ctrl+O)를 선택하고 '실전03-1(원본)'을 불러온다.

2. 이미지 복제 및 변형

① 이동 도구를 클릭한 후 '실전03-1(원본).jpg' 창의 이미지를 드래그하여 작업창으로 이동한다.
② 복제 도장 도구를 클릭하고 옵션 바에서 '브러시'는 20픽셀 부드러운 원으로 설정한다.
③ 복제할 원본인 조개 이미지에서 Alt+클릭하여 복제 위치에서 드래그한다.
④ 나머지 진주 이미지도 같은 방법으로 복제한다.

3. 도넛 모양 만들기

① 도구 박스에서 사용자 정의 모양 도구를 클릭한 후 옵션 바에서 '옵션모드'를 모양 레이어, '모양'은 원 프레임, '색상'은 #00ccff으로 선택하고 드래그하여 이미지를 그린다.
② Ctrl+T를 눌러 크기와 위치를 조절한다.

4. 문자 작업

① 수평 문자 도구를 클릭하고 옵션 바에서 '글꼴'은 돋움, '글꼴 크기'는 28pt, '색상'은 #0099ff로 설정한다. 글자를 입력할 위치를 마우스로 클릭한 후 "환상의 바다"를 입력한다.
② 수평 문자 도구를 클릭하고 옵션 바에서 '글꼴'은 돋움, '글꼴 크기'는 24pt, '색상'은 #0099ff로 설정한다. 글자를 입력할 위치를 마우스로 클릭한 후 "스노쿨링 천국"을 입력한다.
③ 레이어 스타일 추가의 [그림자 효과]를 선택한 후 [확인]을 클릭한다.

5. 파일 저장

① [파일]-[저장](Ctrl+S)를 눌러 파일을 저장한다.

② JPG 파일로 저장하기 위해 [파일]-[다른 이름으로 저장](Shift+Ctrl+S)를 선택하여 [다른 이름으로 저장] 대화상자를 표시한다.
③ '저장 위치'를 [내문서] 폴더로 지정한다.
④ '형식'에서 저장 방식을 JPEG(*.JPG;*.JPEG;*.JPE)로 지정한다.
⑤ '파일 이름'을 실전03-1(완성)으로 입력한다.

04 실전 포토샵 활용 4

조 건

원본 이미지	실전04-1(원본).jpg 실전04-2(원본).jpg		
파일저장 규칙	PSD JPG	파일명	실전04-1(완성).psd 실전04-1(완성).jpg
		크기	400×500 pixels

1. 그림 효과
   ① 색상 보정: 색-초록색 계열로 보정
   ② 액자 제작: 필터-패치워크(#0066cc), 안쪽 테두리(7px, #003366)
2. 문자 효과
① 더 높이, 더 멀리~(궁서, 32pt, #ffff00), 레이어 스타일-외부광선

결과화면

〈출처: 한국생산성본부〉

작업과정

〈작업과정 요약〉

1. 새 이미지 작업창 만들기와 저장 → 2. 액자와 필터 → 3. 색상 보정과 이미지 편집 → 4. 문자 작업 → 5. 파일 저장

〈작업과정 상세〉

1. 새 이미지 작업창 만들기와 저장

① 새 이미지 작업창을 만들기 위해 [파일]-[새로 만들기](Ctrl+N)를 선택하고 [새로 만들기] 대화상자가 표시되면 '폭'은 400픽셀, '높이'는 500픽셀로 설정하고 [확인]을 클릭한다.

② 파일을 저장하기 위해 [파일]-[다른 이름으로 자장] 대화상자에서 '저장 위치'를 [내문서] 폴더로 지정한 후 '파일 이름'을 실전

04-1(완성)로 입력한다.

③ '형식'에서 저장 방식을 Photoshop(*.PSD;*.PDD) 형태로 지정하고 [저장]을 클릭한다.

④ [파일]-[열기](Ctrl+O)를 선택하고 '실전04-1(원본).jpg', '실전04-2(원본).jpg'를 불러온다.

2. 액자와 필터

① 도구 박스에서 이동 도구를 클릭하고 '실전04-1(원본).jpg'를 작업창으로 이동한다. 레이어의 이름을 "어촌"으로 바꾼다.

② 도구 박스에서 사각형 선택 도구를 클릭하고 선택 영역을 설정한다. Shift+Ctrl+I를 눌러 선택 영역을 반전시킨다.

③ 레이어 팔레트의 새 레이어 만들기를 클릭하여 새 레이어를 추가하고 레이어의 이름을 "액자"로 바꾼다. '전경색'을 #0066cc로 설정하고 Alt+Delete를 눌러 전경색으로 칠한다.

④ [필터]-[텍스처]-[패치워크]를 선택하여 필터를 적용한다.

⑤ Shift+Ctrl+I를 눌러 선택 영역을 반전시킨다.

⑥ [편집]-[선]을 선택하고 대화상자에서 '폭'은 7px, '색상'은 #003366으로 설정하고 [확인]을 클릭한다.

⑦ Ctrl+D를 눌러 선택 영역을 해제한다.

3. 색상 보정과 이미지 편집

① 도구 박스에서 자동 선택 도구를 클릭하여 '실전04-2(원본).jpg'의 배경 이미지를 선택 영역으로 설정한다. Shift+Ctrl+I를 눌러 선택 영역을 반전시킨다.

② 이동 도구를 클릭하여 이미지를 작업창으로 이동한다. Ctrl+T를 눌러 회전시키고 크기와 위치를 조절하고 Enter↵를 누른다.

③ [이미지]-[조정]-[채도감소]를 선택하여 흑백 이미지로 바꾼다.

④ [이미지]-[조정]-[색상 균형]을 선택한다. [색상 균형] 대화상자에서 초록색 계열로 설정하고 [확인]을 클릭한다.

⑤ 도구 박스에서 이동 도구를 클릭하고 Alt+드래그하여 새 이미지를 복사한다. Ctrl+T를 눌러 회전시키고 위치와 크기를 조절하고 Enter↵를 누른다.

4. 문자 작업

① 도구 박스에서 수평 문자 도구를 클릭하고 옵션 바에서 '글꼴'은 궁서, '글꼴 크기'는 32pt, '색상'은 #ffff00으로 설정한다.
② 글자를 입력할 위치를 마우스로 클릭한 후 "더 높이, 더 멀리~"를 입력한다.
③ 레이어 스타일 추가의 [외부 광선]을 선택하고 [확인]을 클릭한다.

5. 파일 저장

① [파일]-[저장](Ctrl+S)를 눌러 파일을 저장한다.
② JPG 파일로 저장하기 위해 [파일]-[다른 이름으로 저장](Shift+Ctrl+S)을 선택하여 [다른 이름으로 저장] 대화상자를 표시한다.
③ '저장 위치'를 [내문서] 폴더로 지정한다.
④ '형식'에서 저장 방식을 JPEG(*.JPG;*.JPEG;*.JPE)로 지정한다.
⑤ '파일 이름'을 실전04-1(완성)으로 입력한다.

05 실전 포토샵 활용 5

조 건

원본 이미지	실전05-1(원본).jpg 실전05-2(원본).jpg 실전05-3(원본).jpg		
파일저장 규칙	PSD JPG	파일명	실전05-1(완성).psd 실전05-1(완성).jpg
		크기	550×330 pixels

1. 그림 효과
   ① 색상 보정: 실전05-3(원본).jpg의 배경을 보라색 계열로 보정
   ② 액자 제작: #999999, 필터-텍스처와, 안쪽 테두리(10px, #000000)
2. 문자 효과
   ① 여름(바탕, 36pt, #ffffff), 향기...(바탕, 36pt, #000033)
   ② 아침창에 걸린(바탕, 17pt, #000033)
   ③ 고운 햇살처럼 스며들죠(바탕, 14pt, #996600)

결 과 화 면

〈출처: 한국생산성본부〉

작 업 과 정

〈작업과정 요약〉

1. 새 이미지 작업창 만들기와 저장 → 2. 이미지 이동 → 3. 색상 보정 → 4. 액자 제작 → 5. 문자 작업 → 6. 파일 저장

〈작업과정 상세〉

1. 새 이미지 작업창 만들기와 저장

① 새 이미지 작업창을 만들기 위해[파일]-[새로 만들기](Ctrl+N)를 선

택하고 [새로 만들기] 대화상자가 표시되면 '폭'은 550픽셀, '높이'는 330픽셀로 설정하고 [확인]을 클릭한다.

② 파일을 저장하기 위해 [파일]-[다른 이름으로 저장] 대화상자에서 '저장 위치'를 [내문서] 폴더로 지정한 후 '파일 이름'을 실전05-1(완성)로 입력한다.

③ '형식'에서 저장 방식을 Photoshop(*.PSD;*.PDD) 형태로 지정하고 [저장]을 클릭한다.

④ [파일]-[열기](Ctrl+O)를 선택하고 '실전05-1(원본).jpg', '실전05-2(원본).jpg', '실전05-3(원본).jpg'를 불러온다.

2. 이미지 이동

① 이동 도구를 클릭한 후 '실전05-2(원본).jpg'를 작업창으로 이동한다. Ctrl+T를 눌러 크기와 위치를 조절하고 Enter↵를 누른다.

② 이동 도구를 클릭한 후 '실전05-1(원본).jpg'를 작업창으로 이동한다.

③ '실전05-3(원본).jpg'의 이미지에서 이동할 부분을 사각형 선택 도구를 클릭하여 선택 영역으로 설정한다.

④ 이동 도구를 클릭하여 선택 영역을 작업창으로 이동한다.

3. 색상 보정

① [이미지]-[조정]-[채도감소]를 선택하여 흑백 이미지로 바꾼다.

② [이미지]-[조정]-[색상 균형]을 선택하고 [색상 균형] 대화상자에서 보라색 계열로 설정하고 [확인]을 클릭한다.

4. 액자 제작

① 도구 박스에서 사각형 선택 도구를 클릭하여 선택 영역을 설정한다. Shift+Ctrl+I를 눌러 선택 영역을 반전시킨다.

② 새 레이어 만들기를 클릭하여 새 레이어를 추가하고 레이어의 이름을 "액자"로 바꾼다. '전경색'을 #999999로 설정하고 Alt+Delete를 눌러 전경색으로 칠한다.

③ [필터]-[텍스처]-[텍스처화]를 선택하여 필터를 적용한다. Ctrl+D를 눌러 선택 영역을 해제한다.

④ [액자] 레이어를 선택하고 새 레이어 만들기를 클릭한다. 사각형 선택 도구를 클릭하여 사각형 영역을 선택 영역으로 설정하고 [편집]-[선]을 선택하고 대화상자에서 '폭'은 10px, '색상'은 #000000

으로 설정하고 [확인]을 클릭한다. Ctrl+D를 눌러 선택 영역을 해제한다.

⑤ ④번과 같은 과정을 3번 더 반복하여 모든 선을 완성한다.

5. 문자 작업

① 수평 문자 도구를 클릭하고 옵션 바에서 '글꼴'은 바탕, '글꼴 크기'는 36pt, '색상'은 #ffffff으로 설정한다. 글자를 입력할 위치를 마우스로 클릭한 후 "여름 향기..."를 입력한다.

② '향기...' 문자만 블록 설정하여 '색상'을 #000033으로 설정한다.

③ 세로 문자 도구를 클릭하고 옵션 바에서 '글꼴'은 바탕, '글꼴 크기'는 17pt, '색상'은 #000033으로 설정하고 "아침 창에 걸린"을 입력한다.

④ 수평 문자 도구를 클릭하고 옵션 바에서 '글꼴'은 바탕, '글꼴 크기'는 14pt, '색상'은 #996600으로 설정하고 "고운 햇살처럼 스며들죠"를 입력한다.

6. 파일 저장

① [파일]-[저장](Ctrl+S)를 눌러 파일을 저장한다.

② JPG 파일로 저장하기 위해 [파일]-[다른 이름으로 저장](Shift+Ctrl+S)을 선택하여 [다른 이름으로 저장] 대화상자를 표시한다.

③ '저장 위치'를 [내문서] 폴더로 지정한다.

④ '형식'에서 저장 방식을 JPEG(*.JPG;*.JPEG;*.JPE)로 지정한다.

⑤ '파일 이름'을 실전05-1(완성)으로 입력한다.

06 실전 포토샵 활용 6

조　건	결과화면

<table>
<tr><td>원본
이미지</td><td colspan="3">실전06-1(원본).jpg
실전06-2(원본).jpg</td></tr>
<tr><td rowspan="2">파일저장
규칙</td><td rowspan="2">PSD
JPG</td><td>파일명</td><td>실전06-1(완성).psd
실전06-1(완성).jpg</td></tr>
<tr><td>크기</td><td>500×330 pixels</td></tr>
</table>

1. 그림 효과
   ① 색상 보정: 윈드서핑보드-분홍색 계열로 보정
   ② 액자 제작: #663333, 필터-텍스처화, 안쪽테두리-3px, #ffcc00
2. 문자 효과
① 남태평양 파도타기(돋움, 24pt, #ffffff)

〈출처: 한국생산성본부〉

작업과정

〈작업과정 요약〉
1. 새 이미지 작업창 만들기와 저장 → 2. 이미지 이동과 액자 제작 → 3. 색상 보정 → 4. 문자 작업 → 5. 파일 저장

〈작업과정 상세〉

1. 새 이미지 작업창 만들기와 저장

① 새 이미지 작업창을 만들기 위해 [파일]-[새로 만들기](Ctrl+N)를 선택하고 [새로 만들기] 대화상자가 표시되면 ‘폭’은 500픽셀, ‘높이’는 330픽셀로 설정하고 [확인]을 클릭한다.

② 파일을 저장하기 위해 [파일]-[다른 이름으로 저장] 대화상자에서 ‘저장 위치’를 [내문서] 폴더로 지정한 후 ‘파일 이름’을 실전06-1(완성)로 입력한다.

③ '형식'에서 저장 방식을 Photoshop(*.PSD;*.PDD) 형태로 지정하고 [저장]을 클릭한다.

④ [파일]-[열기](Ctrl+O)를 선택하고 '실전06-1(원본).jpg', '실전06-2(원본).jpg'를 불러온다.

2. 이미지 이동과 액자 제작

① 이동 도구를 클릭하고 '실전06-1(원본).jpg'를 작업창으로 이동한다.

② 사각형 선택 도구를 클릭하고 선택 영역을 설정한다. Shift+Ctrl+I를 눌러 선택 영역을 반전시킨다.

③ 새 레이어 만들기를 클릭하여 새 레이어를 추가하고 레이어의 이름을 "액자"로 바꾼다. '전경색'을 #663333으로 설정하고 Alt+Delete를 눌러 전경색으로 칠한다.

④ [필터]-[텍스처]-[텍스처화]를 선택하여 필터를 적용한다.

⑤ Shift+Ctrl+I를 눌러 선택 영역을 반전시킨다. [편집]-[선]을 선택하고 대화상자에서 '폭'은 3px, '색상'은 #ffcc00으로 설정하고 [확인]을 클릭한다.

3. 색상 보정

① 도구 박스에서 자동 선택 도구를 클릭하여 '실전06-2(원본).jpg'의 배경 이미지를 선택 영역으로 설정하고 Shift+Ctrl+I를 눌러 선택 영역을 반전시킨다.

② 이동 도구를 클릭하여 작업창으로 이동하고 Ctrl+T를 눌러 크기와 위치를 조절하고 Enter↵를 누른다. Alt+드래그하여 이미지를 하나 더 복사하고 Ctrl+T를 눌러 회전시키고 크기와 위치를 조절한다. 레이어 팔레트에서 'Layer 2'와 'Layer 2 copy'의 위치를 바꾼다.

③ 자동 선택 도구를 클릭하여 보드의 색상 보정할 부분을 선택 영역으로 설정한다.

④ [이미지]-[조정]-[색조/채도]를 선택하여 분홍색 계열로 색상을 보정한 후 Ctrl+D를 눌러 선택 영역을 해제한다.

4. 문자 작업

① 수평 문자 도구를 클릭하고 옵션 바에서 '글꼴'은 돋움, '글꼴 크기'는 24pt, '색상'은 #ffffff로 설정한 후 "남태평양 파도타기"를 입력한다.

② 수평 문자 도구를 클릭하고 옵션 바에서 텍스트 변형 만들기를 클릭하고 [텍스트 변형] 대화상자에서 '스타일'을 깃발, '구부리기'를 -50%로 설정한 후 [확인]을 클릭한다.

5. 파일 저장

① [파일]-[저장](Ctrl+S)를 눌러 파일을 저장한다.
② JPG 파일로 저장하기 위해 [파일]-[다른 이름으로 저장](Shift+Ctrl+S)을 선택하여 [다른 이름으로 저장] 대화상자를 표시한다.
③ '저장 위치'를 [내문서] 폴더로 지정한다.
④ '형식'에서 저장 방식을 JPEG(*.JPG;*.JPEG;*.JPE)로 지정한다.
⑤ '파일 이름'을 실전06-1(완성)으로 입력한다.

제 6 장

원본사진 &
포토샵 적용

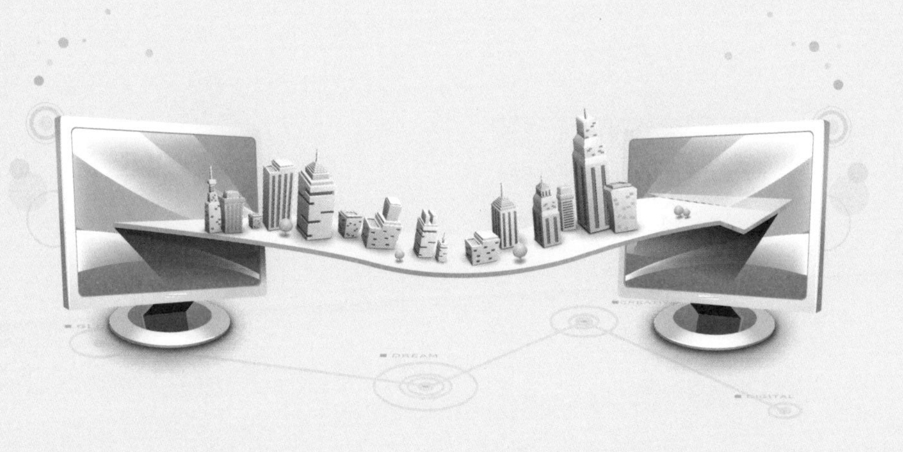

1. 쇼핑몰 상세페이지 제작

2. 페스티벌 소개자료 제작

01 쇼핑몰 상세페이지 제작

원본사진에, 포토샵을 이용하여 오른쪽 결과와 같이 1차 작업을 완성한다.

원본사진	1차 포토샵 적용
	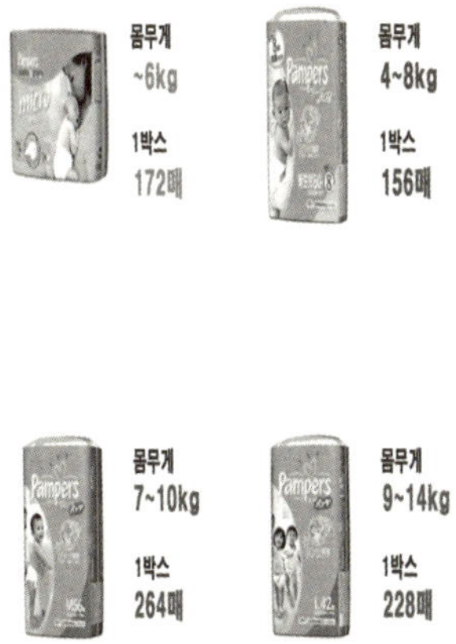

작 업 과 정
〈작업과정 요약〉 1. 원본사진 불러오기 2. 이미지의 위치 및 크기조절(단축키: Ctrl+T), 글자 입력. 3. 다른 글꼴로 글자 입력, 해당글자만 선택하여 글자색상 변경 4. 글자의 위치 및 크기조절(단축키: Ctrl+T) 후 파일 저장

1차 작업파일에, 포토샵을 이용하여 오른쪽 결과와 같이 2차 작업을 완성한다.

1차 포토샵 적용	2차 포토샵 적용
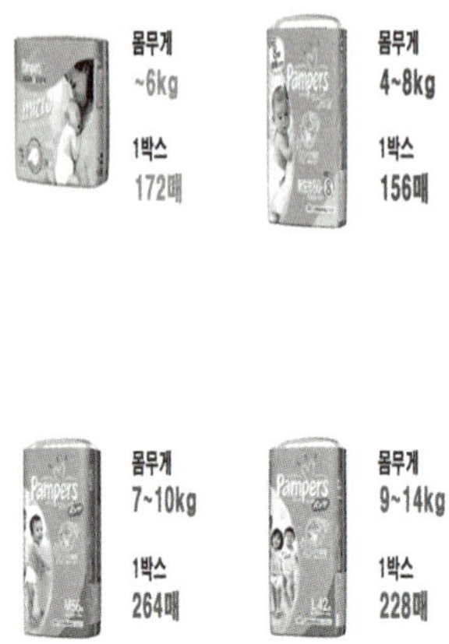	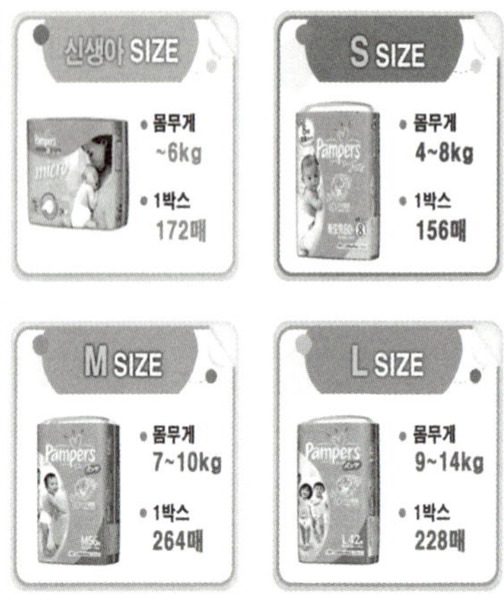

작 업 과 정
〈작업과정 요약〉 1. 1차 포토샵 적용파일 불러오기 2. 모서리가 둥근 직사각형 도구를 이용하여 배경테두리 작업 3. 이미지의 위치 및 크기조절(단축키: Ctrl+T), 글자 입력. 4. 다른 글꼴로 글자 입력, 해당글자만 선택하여 글자색상 변경 5. 전체적인 이미지 위치 및 크기조절(단축키: Ctrl+T) 후 파일 저장

02 페스티벌 소개자료 제작

원본사진에, 포토샵을 이용하여 오른쪽 결과와 같이 1차 작업을 완성한다.

원본사진	1차 포토샵 적용

작 업 과 정

〈작업과정 요약〉

1. 원본사진 불러오기
2. 사각형 선택툴로 사각형 작업 후, 글자적용("2016 Uljin Waterpia Festival")
3. 다른 글꼴로 글자 입력("Music Farm Festival"), 해당글자만 선택하여 글자색상 변경
4. 글자 입력("뮤직팜페스티벌") 후 레이어스타일 적용(그라디언트 오버레이)
5. 글자의 위치 및 크기 조절(단축키: Ctrl+T) 후 파일 저장

1차 작업파일에, 포토샵을 이용하여 오른쪽 결과와 같이 2차 작업을 완성한다.

원본사진	1차 포토샵 적용

작 업 과 정

〈작업과정 요약〉

1. 1차 포토샵 적용 파일 불러오기
2. 메뉴(이미지-캔버스 크기)를 이용하여 아래쪽으로 캔버스 크기 늘리기
3. 사각형 선택툴로 사각형 작업 후, 글자적용("기간, 장소, 내용, 추최, 후원, 주관")
4. 다른 글꼴로 글자 입력, 해당글자만 선택하여 글자색상 변경
5. 글자의 위치 및 크기조절(단축키: Ctrl+T) 후 파일 저장

제 2 부

HTML의 이해와 활용

제 1 장

Photoshop & HTML(HyperText Markup Language)

HTML의 이해

1. HTML이란?

2. HTML을 배워야 하는 이유

3. HTML 작성방법

4. HTML 문서의 작성시 유의사항

01 HTML이란?

HTML은 HyperText Markup Language의 약어이며, 하이퍼텍스트(hypertext) 문서를 만들기 위한 언어이다. 하이퍼텍스트는 윈도우즈에서의 도움말 형식과 같은 문서를 의미한다. 즉, 윈도우즈의 도움말을 보면 색깔이 다른 단어를 클릭하면 그 단어에 대한 설명으로 바로 연결이 되는데, 이런 식으로 동적으로 연결되어 있는(link되어 있다고 한다) 문서를 HTML 문서라고 한다. 일반적으로 HTML 문서는 '.html' 혹은 '.htm'의 확장자를 갖는다.

02 HTML을 배워야 하는 이유

(1) 온라인에서 홍보와 광고

온라인에서 홍보와 광고를 효과적으로 진행하기 위해 반드시 HTML을 활용해야 한다. 어떤 종류의 창업을 하는가에 상관없이 온라인(on-line) 및 오프라인(off-line)에서 홍보와 광고를 적극적으로 진행하는 것이 필요하며, 스마트폰 가입자의 폭발적인 증가로 인해 온라인(on-line)에서의 홍보와 광고가 더욱 중요하게 될 것이다.

(2) 새로운 수익모델의 개발

새로운 수익모델의 개발을 위해서도 HTML은 필수적으로 활용될 수 있다. 예를 들어, 음식점을 예약하고 좌석까지 지정할 수 있는 서비스를 제공하려고 할 때에 HTML의 사용은 반드시 필요하다.

수익모델은 비즈니스모델(business model)이라고도 하는데, 어떤 제품이나 서비스를 어떻게 소비자에게 제공하고, 어떻게 마케팅하며, 어떻게 돈을 벌 것인가 하는 계획 또는 사업 아이디어(네이버 지식백과, terms.naver.com)라고 할 수 있다. 또한 새로운 수익모델은 기업 내에서 개발할 수도 있고 다른 기업과의 연계를 통하여 개발할 수도 있는데, 다른 기업과의 연계를 활용한 수익모델을 개발하기 위해서는 HTML의 사용이 필수적이라고 할 수 있다.

(3) 제휴와 협력을 통한 매출 증대

제휴와 협력을 통한 매출 증대를 위해서도 HTML의 활용이 중요하다. 예를 들어, 다음(Daum)과 네이버(Naver)에서는 수많은 기업들과의 제휴와 협력을 통해서 매출을 올리고 있는 실정이며, 이를 위해서는 HTML의 활용은 반드시 필요하다.

03 HTML 작성방법

(1) 보통의 문서 편집기를 이용

컴퓨터의 보조프로그램 내에 있는 메모장을 이용하여 HTML 문서(.html)를 만들어 저장을 한 후에 Windows Internet Explorer에서 파일을 열어서 확인할 수 있다.

(2) HTML 전용 편집기를 이용

HTML 편집기는 인터넷 웹페이지를 작성하기 위한 편집 도구이며, 프로그래밍 언어와 유사한 특징을 가지고 있다. HTML 편집기로는 에디트플러스(EditPlus), 마이크로소프트의 프론트페이지(FrontPage), 나모 웹에디터, 어도비 드림위버(Dreamweaver) 등이 있으며, 이는 태그를 통해 편집한 후 미리보기 기능도 가지고 있다(위키백과, 2013년 6월). HTML 편집기들은 네이버 소프트웨어(software.naver.com)에서 검색한 후에 다운 받아서 사용하면 되는데, 초보창업자들에게는 에디트플러스(EditPlus)가 사용하기에 편리하다(〈그림 1-1〉 참조).

| 그림 1-1 | 에디트플러스(EditPlus)

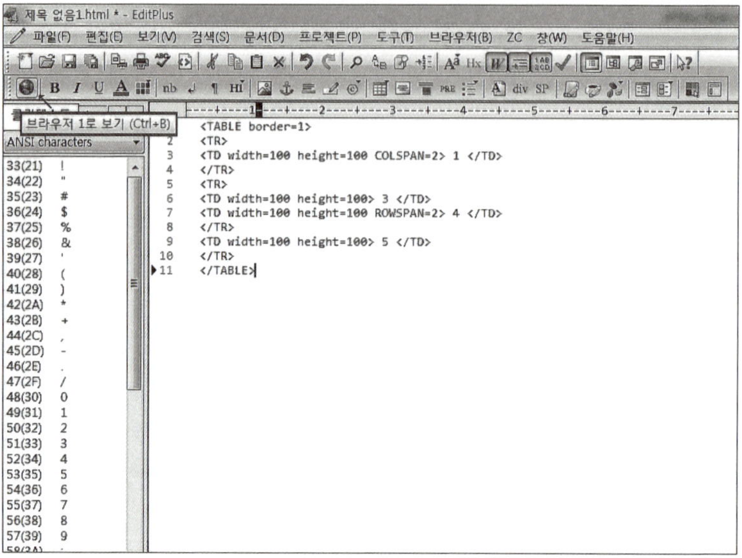

(3) 이미 작성된 문서를 HTML 문서로 변경

먼저 이를 위해서는 해당 문서 파일을 변환하는 소프트웨어가 필요한데, HWP, MS-WORD, 파워포인트(powerpoint) 등에는 변환기능이 있다. 가장 편리하게 사용할 수 있는 방법은 HWP에서 문서를 만든 후에 [다른 이름으로 저장하기]를 선택하여 [파일형식]을 인터넷 문서(*.htm, *.html)로 저장하면 된다.

(4) 카페(cafe) 및 블로그(blog)에서 [글쓰기]를 이용

〈그림 1-2〉에서와 같이, 다음(Daum) 혹은 네이버(Naver)의 카페(cafe) 혹은 블로그(blog)에서 [글쓰기]를 클릭하고 HTML을 체

▌그림 1-2▐ 카페(cafe)에서 HTML 문서의 작성

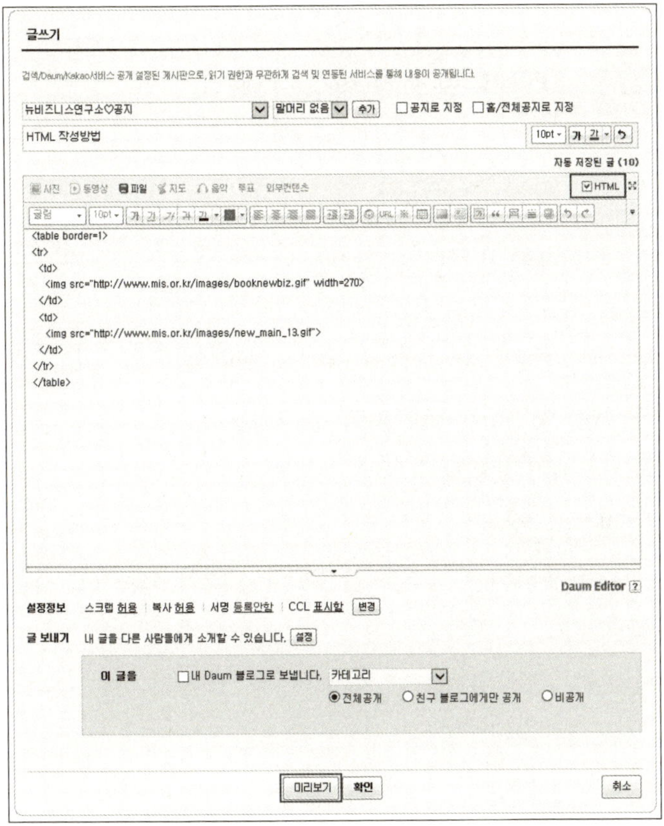

크(☑)한 후에 HTML 명령어를 입력하고, [미리보기]를 클릭하여 실행 결과를 확인하면 된다. HTML을 처음으로 공부하는 사람들에게 가장 편리한 실습 방법이라고 할 수 있다.

04 HTML 문서의 작성시 유의사항

HTML 문서를 작성할 때에 유의해야 할 사항은 아래와 같이 두 가지 측면에서 생각할 수 있다.

(1) HTML 명령어를 사용할 때에 사전에 알아야 하는 사항

① HTML 명령어는 대문자와 소문자를 모두 사용할 수 있으며, 본 저서에서도 대문자 혹은 소문자를 모두 사용할 수 있다는 것을 보여주고 있다.

② HTML 문서의 파일명은 한글보다는 영어 소문자로 하는 것이 좋다.

③ HTML 명령어를 사용할 때에는 띄어쓰기에 유의해야 한다.

(2) 에디트플러스(EditPlus)를 활용하여 HTML 문서를 작성하는 방법

〈그림 1-1〉의 에디트플러스(EditPlus)를 사용하여 HTML 문서를 작성하는 방법 및 유의사항은 다음과 같다.

① [파일]-[새 파일]-[보통문서(N)] 혹은 [HTML 페이지]를 선택한다.

② 오른쪽의 편집 공간에 HTML 명령어를 활용하여 HTML 문서를 만들 수도 있고, HWP로 HTML 문서를 만든 후에 에디트플러스(EditPlus)에 복사할 수도 있다.

③ [보기]-[브라우저로 보기(B)]-[브라우저 1(B)]를 클릭하면, HTML 문서의 실행 결과를 볼 수 있다. 〈그림 1-1〉에서와 같이 [브라우저 1로 보기]를 클릭해도 된다(단축키: Ctrl+B).

④ 실행된 HTML 문서의 결과에 오류가 있으면 소스 편집(Ctrl+Shift+E)에서 수정 후 다시 실행하면 된다.

> 위에서 언급을 하였듯이, HTML 문서뿐만 아니라 포토샵으로 만든 이미지들을 저장할 때에는 반드시 영어 소문자를 사용하는 것이 중요하다. 아직도 HTML 및 포토샵 파일명을 한글로 사용하는 예비창업자들이 있는데, 반드시 파일명은 영어 소문자로 사용하는 습관을 갖도록 해야 한다.

Photoshop & HTML(HyperText Markup Language)

제 2 장

자주 사용하는 HTML 명령어

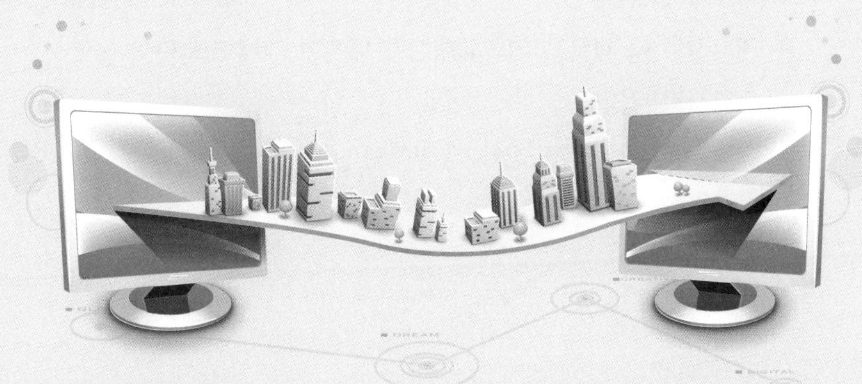

1. 이미지 불러오기
2. 텍스트 혹은 이미지를 클릭했을 때에 특정 사이트로 링크하기
3. 테이블 만들기
4. 게시판의 글 제목을 메인페이지에 배치한 후에 게시판의 글로 링크시키는 방법
5. COLSPAN 및 ROWSPAN 명령어의 활용

예비창업자들이 알아야 하는 필수적인 HTML 명령어들을 정리하면 아래와 같은데, 본 장에서 설명하는 HTML 명령어들을 효과적으로 활용할 수 있도록 에디트플러스(EditPlus)를 활용하거나 카페(cafe) 및 블로그(blog) 등에서 직접 실습해 보는 것이 중요하다.

01 이미지 불러오기

```
<img src="http://www.mis.or.kr/images/new_main_13.gif">
```

위의 HTML 명령어는 웹사이트(www.mis.or.kr) 내의 폴더(images) 안에 저장되어 있는 이미지 파일(new_main_13.gif)을 불러와서 웹브라우저(Internet Explorer) 화면에서 보여 달라는 의미로 해석할 수 있다. 옥션, G마켓 등의 오픈마켓(open market)에서의 상품 등록 과정에서 상세정보를 꾸밀 때에 사용하는 명령어이다. 예를 들어, tinypic(tinypic.com) 등과 같은 이미지 호스팅 사이트(image hosting site)에 상품이미지를 등록한 후에 위의 명령어를 사용하여 옥션, G마켓 등의 상품정보(혹은 상품상세정보)

페이지를 보여주게 된다.

02 텍스트 혹은 이미지를 클릭했을 때에 특정 사이트로 링크하기

```
〈a href="http://www.mis.or.kr" target=win1〉
〈FONT COLOR=RED SIZE=3〉〈B〉사랑나눔회〈/B〉〈/FONT〉
〈/a〉
```

홈페이지, 카페(cafe) 혹은 블로그(blog)에서 텍스트(사랑나눔회)를 클릭하면 웹사이트(www.mis.or.kr)로 링크시키는 명령어이다. 그런데 target=win1은 새로운 웹브라우저(Internet Explorer)를 불러와서 웹사이트(www.mis.or.kr)로 링크시키라는 의미이다. 실습할 때에 target=win1을 삭제한 후에 실습해 보면 그 차이를 쉽게 알 수 있다.

〈FONT COLOR=RED SIZE=3〉〈B〉사랑나눔회〈/B〉〈/FONT〉 명령어를 해석해 보면, 사랑나눔회라는 글자를 붉은색(COLOR=RED)으로, 크기는 3으로 그리고 진하게(B) 표시하라는 의미이다. 아울러, RED 대신에 다른 컬러를 상징하는 단어, 3 대신에 다른 숫자, B를 삭제한 후에 사용해 보면 그 차이를 알 수 있다. 참고로 숫자 3은 HWP로 10 폰트 크기에 해당된다.

```
<a href="http://www.mis.or.kr" target=win1>
<img src="http://www.mis.or.kr/images/new_main_13.gif">
</a>
```

또한, 위와 같이 사랑나눔회라는 글자 대신에 이미지(new_main_13.gif)를 불러오는 명령어를 사용할 수 있는데, 이미지(new_main_13.gif)를 클릭하면 웹사이트(www.mis.or.kr)로 링크시키는 HTML 명령어이다. 즉, 특정 웹사이트로 링크를 시키기 위해서는 텍스트(사랑나눔회)를 클릭할 수도 있고, 이미지(new_main_13.gif)를 클릭할 수도 있다는 것을 의미한다.

03 테이블 만들기

테이블(table)을 만들기 위해서는 〈table〉, 〈tr〉, 〈td〉 태그의 사용방법에 대해 알고 있어야 하는데, 아래의 예를 통해 테이블을 만드는 방법에 대해 설명할 것이다.

```
〈table border=1〉
〈tr〉
  〈td〉
    〈img src="http://www.mis.or.kr/images/booknewbiz.
     gif" width=270〉
  〈/td〉
  〈td〉
    〈img src="http://www.mis.or.kr/images/new_main_13.
     gif"〉
  〈/td〉
〈/tr〉
〈/table〉
```

그림 2-1 table 명령어로 만든 테이블의 모양

booknewbiz.gif 이미지	new_main_13.gif 이미지

위의 명령어를 살펴보면, 먼저 〈tr〉...〈/tr〉 명령어로 만든 한 줄로 된 테이블(table)에 〈td〉...〈/td〉 명령어를 이용하여 2칸을 만든 후에 〈img src〉 명령어를 사용하여 이미지(booknewbiz.gif, new_main_13.gif)를 불러와서 각 칸에서 보여주는 명령어이다. 즉, 〈그림 2-1〉에서와 같이 이미지 호스팅 사이트에 등록되어 있는 포토샵 이미지를 불러와서 각 칸에서 보여주게 된다. 또한 border=1은 테이블의 테두리를 1 픽셀(pixel)로 나타내라는 것이며, width=270은 이미지의 가로 폭을 270 픽셀로 하라는 의미이다. 만약에 이미지의 높이를 조절하려면 height=270과 같이 사용하면 되며, border=0으로 설정하면 테이블의 테두리가 보이지 않게 된다. 사실, 대부분의 웹사이트들은 테이블(table)을 사용하여 만들고 있지만, border=0으로 설정하여 테두리가 보이지 않게 하고 있다.

① 〈tr〉...〈/tr〉: 테이블에서 한 줄을 만들 때에 사용한다.

② 〈td〉...〈/td〉: 〈tr〉...〈/tr〉로 만든 테이블의 한 줄 내에 있는 칸을 만들 때에 사용한다.

한편, 두 줄 및 두 칸의 테이블(2 * 2)을 만들려고 하면, 위의 table 명령어에서 〈tr〉에서 〈/tr〉까지를 그대로 복사하여 한 번 더 사용하면 된다. 즉, 〈그림 2-2〉와 같은 테이블을 만들기 위한 HTML 명령어는 다음과 같다.

▌그림 2-2▌ 두 줄 및 두 칸의 table(2 * 2)

booknewbiz.gif 이미지	new_main_13.gif 이미지
booknewbiz.gif 이미지	new_main_13.gif 이미지

```
<table border=1>
<tr>
  <td>
    <img src="http://www.mis.or.kr/images/booknewbiz.
     gif" width=270>
  </td>
  <td>
    <img src="http://www.mis.or.kr/images/new_main_13.
     gif">
  </td>
</tr>
<tr>
```

```
    <td>
      <img src="http://www.mis.or.kr/images/booknewbiz.
       gif" width=270>
    </td>
    <td>
      <img src="http://www.mis.or.kr/images/new_main_13.
       gif">
    </td>
  </tr>
  </table>
```

04 게시판의 글 제목을 메인페이지에 배치한 후에 게시판의 글로 링크시키는 방법

카페(cafe)의 특정 게시판에 교류모임 혹은 행사에 대한 홍보글을 등록한 후에 그 글의 제목을 메인페이지에 등록하고, 네티즌들이 글의 제목을 클릭하면 게시판에 등록되어 있는 글의 내용을 볼 수 있도록 하는 것을 아래의 HTML 명령어로 만들 수 있다.

① 텍스트를 클릭했을 때에 특정 사이트로 링크하기를 활용하면 된다. 아래에서 '사랑나눔회' 대신에 교류모임 혹은 행사제목 및 일정을 입력하면 된다.

```
<a href="http://www.mis.or.kr" target=win1>
<FONT COLOR=RED SIZE=3><B>사랑나눔회</B></FONT></a>

<a href="http://www.mis.or.kr" target=win1>
<FONT COLOR=BLUE SIZE=3><B>창업교육</B></FONT>
<FONT COLOR=RED SIZE=3><B>12월 31일(토)</B></FONT>
</a>
```

② a href="http://www.mis.or.kr"에서 따옴표 내에 게시판에 등록되어 있는 글의 제목 위에 마우스를 올려놓고 오른쪽 마우스를 클릭한 후에 [속성]을 선택하고 주소(URL)를 복사하여 입력하면 된다(〈그림 2-3〉 참조). 즉, 게시판에 등록되어 있는 글의 주소(URL)로 링크시키라는 것인데, 결국 그 글의 내용을 볼 수 있도록 한다.

③ target=win1은 없어도 되고 있어도 상관이 없으나 두 가지의 방법을 사용해 보면 그 차이를 알 수가 있다.

④ 위에서 만든 HTML 명령어들을 활용하여 테이블(table)로 만들어도 되는데, 여러 건을 동시에 홍보하고 싶을 때에 유용하다.

❙ 그림 2-3 ❙ 게시판에 등록된 글의 주소(URL)를 확인하기

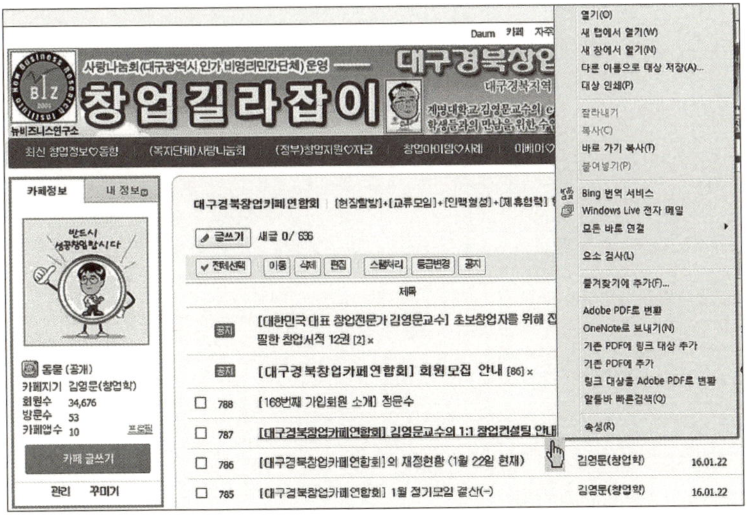

05 COLSPAN 및 ROWSPAN 명령어의 활용

테이블(TABLE)에서 특정 가로줄 혹은 세로줄의 일부를 합치는 경우에는 COLSPAN 및 ROWSPAN 명령어를 사용하면 된다.

① COLSPAN: colspan은 가로줄을 묶는 기능이다. 예를 들어, colspan='2'는 셀 두 개를 하나로 합치게 된다.

② ROWSPAN: colspan이 가로줄을 합친다면, rowspan은 세

로줄을 합치는 기능이다. 예를 들어, rowspan='2'는 위 아래의 줄을 하나로 합치게 되며, 세 줄을 하나로 합치게 되면 rowspan='3'으로 하면 된다.

```
〈TABLE border=1〉
〈TR〉
  〈TD width=100 height=100 COLSPAN=2〉 1 〈/TD〉
〈/TR〉
〈TR〉
  〈TD width=100 height=100〉 3 〈/TD〉
  〈TD width=100 height=100 ROWSPAN=2〉 4 〈/TD〉
〈/TR〉
〈TR〉
  〈TD width=100 height=100〉 5 〈/TD〉
〈/TR〉
〈/TABLE〉
```

뉴비즈니스연구소(http://cafe.daum.net/isoho2jobs)의 [창업강의실+실습교육] 게시판에 있는 HTML 명령어들을 이용하여 스스로 공부하면 되며, 특히 81-82번의 〈FIELDSET〉을 활용한 사례를 활용하면 글상자를 만들 수 있으므로 온라인 홍보 및 광고를 효과적으로 진행할 수 있을 것이다.

이미지 호스팅(Image Hosting) : 데이터 용량이 큰 그림, 사진 같은 이미지 관리가 가능한 호스팅 서비스. 무제한 트래픽을 제공하기 때문에 트래픽 초과로 인해 사이트가 차단될 염려도 없고, 파일 서버와 분리된 공간에 이미지를 올려 놓기 때문에 사이트의 속도 저하도 막을 수 있다. 따라서 이미지 사용량이 많은 오픈 마켓이나 동호회 또는 커뮤니티 운영자들이 많이 이용하고 있다(백과사전, 100.daum.net).

이미지 호스팅 서비스: 이미지 호스팅 서비스(Image hosting service)는 웹 호스팅 서비스의 일종으로 이용자가 서버(server)에 이미지를 올리도록 허용하는 서비스를 말한다(위키백과, ko.wikipedia.org). 일반적으로 이미지 호스팅 서비스는 유료 및 무료로 구분할 수 있는데, 유료 서비스는 다음(Daum)과 네이버(Naver)에서 검색하여 찾을 수 있다. 하지만, 아래의 사이트들은 이미지 호스팅 사이트와 같은 목적으로 무료로 사용할 수가 있다. 예를 들어, tinypic(tinypic.com)을 이미지 호스팅 사이트로 사용할 수 있는 방법에 대해서는 10장에서 설명되어 있다.

① 드롭박스(www.dropbox.com)
② Imgur(imgur.com)
③ Fileslink(www.fileslink.com)
④ postimage(postimage.org)
⑤ tinypic(tinypic.com)

제 3 장

Photoshop & HTML(HyperText Markup Language)

HTML 기초

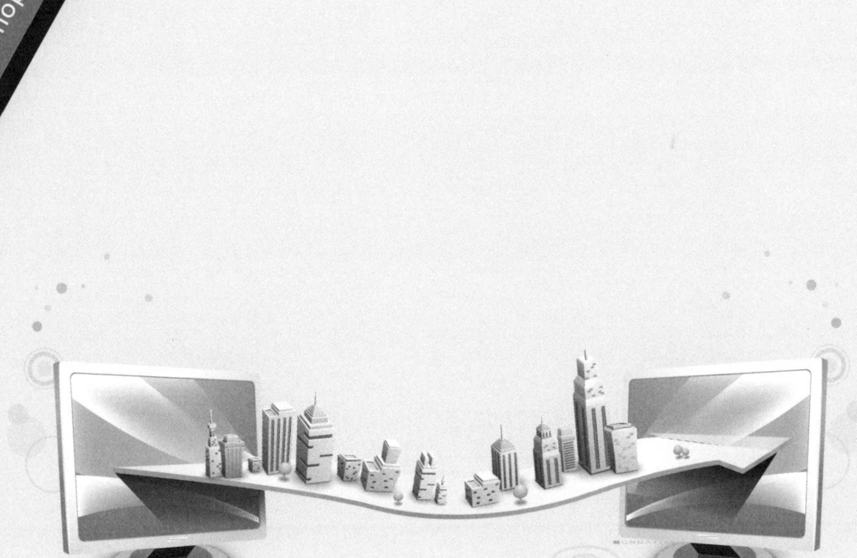

01 HTML 태그

(1) HTML의 태그(tag)

태그(tag)는 HTML 문서의 모양과 행동 양식을 정해주는 하나의 명령어로서, HTML 문서를 읽는 웹브라우저(browser)에게 화면에 나타나는 방식을 설명해 준다. 태그에는 시작 태그(start tag, 〈 〉)와 마지막 태그(end tag, 〈/〉)가 있으며, 일반적으로 태그의 형식은 다음과 같이 3가지로 분류할 수 있다.

① 〈태그〉 문장 〈/태그〉: 〈H1〉문자 연습〈/H1〉
② 〈태그 속성=속성값〉 문장 〈/태그〉: 〈A HREF="test.html"〉 여기를 누르면 test.html로 이동합니다.〈/A〉
③ 〈태그〉: 〈BR〉, 〈P〉

(2) 태그의 속성

HTML 태그 중에는 속성을 설정할 수 있는 것이 있으며, 속성은 태그가 실제로 문서를 표현할 때 필요한 여러 가지 환경을 설정하게 된다. 예를 들어, 〈IMG SRC="tree.gif"〉는 이미지를 현재의 HTML 문서에 삽입하는데, 그 이미지의 이름은 "tree.gif"라는 것이다. 여기에서 IMG는 image의 약어이며, SRC는 source를 의미한다. 즉, 〈img src=" "〉 태그 안에 삽입하고자 하는 이미지의 파일 이름을 삽입하면, 웹상에서 그 이미지를 보여주는 명령이다. 예를 들어, 상품이미지가 tinypic(tinypic.com) 등과 같은 다양한 이미지 호스팅 사이트에 등록되어 있는 경우에는 사이트의 이름, 폴더 및 파일 이름까지를 구체적으로 삽입해야 한다.

(3) 대소문자 구별이 없는 태그

HTML 태그 글자는 대소문자가 구별되지 않는데, 관례상 소문자로 사용하는 것이 좋다. 물론, 대소문자를 혼용하여 사용해도 아무런 문제가 없지만, 소문자로 사용하는 것이 수정 및 관리를 위해서도 편리하다. 본 저서에서는 HTML 태그를 대문자 혹은 소문자로 혼용하였는데, 실행 결과에는 아무런 영향이 없다는 것을 보여주고 있다.

(4) HTML은 구조적인 언어

HTML은 구조적 언어(structured language, 절차적 언어)이기 때문에 HTML 태그가 들어갈 수 있는 곳이 있고 들어갈 수 없는 곳이 있다.

(5) 공백문자 무시

문서에 들어간 모든 공백문자(추가로 입력된 스페이스 문자, 탭(tab), 리턴 문자) 등은 무시된다. 즉, HTML의 실행 결과에 아무런 영향을 미치지 않는다.

02 HTML 문서의 전체적인 구조

HTML 문서는 다음과 같이 세 부분으로 구성되는데, 타이틀(title) 및 헤더(header) 부분은 생략되어도 아무런 상관이 없다.

① 타이틀(title) 부분: 문서의 제목을 나타낸다.
② 헤더(header) 부분: 문서에 관한 여러 정보를 나타낸다.
③ 몸체(body) 부분: HTML 문서의 본문을 나타낸다.

```
[예]
〈HTML〉
   〈HEAD〉
      〈TITLE〉 문서의 제목 〈/TITLE〉
   〈/HEAD〉
   〈BODY〉
      본문의 내용
   〈/BODY〉
〈/HTML〉
```

(1) HTML

〈HTML〉 태그는 HTML 문서의 처음과 끝을 나타내며, HTML 문서에 들어갈 모든 문자와 태그는 〈HTML〉과 〈/HTML〉 안에 들어가야 한다.

(2) HEAD

〈HEAD〉 태그는 문서에 관한 일반 정보들을 포함하고 있는 일종의 머리말로서, 실제 웹브라우저(browser) 화면에는 나타나지 않는다.

(3) TITLE

〈TITLE〉 태그는 HTML 문서의 제목을 정하고자 할 때 사용하는 것으로, 〈HEAD〉 태그 안에 오직 한 번만 들어갈 수 있다. 〈TITLE〉에 들어가는 문서의 제목은 각 웹브라우저의 윈도우 상단에 나타나게 되는데, 생략해도 된다.

(4) BODY

〈BODY〉 태그는 HTML 문서의 실제적인 내용이 들어가는 곳으로, 웹브라우저 화면에 곧바로 나타나게 된다. 하지만, 9장에서 설명하는 프레임 기능이 들어간 문서는 〈BODY〉 태그가 없다. 즉, Frame 문서에는 〈BODY〉 태그를 사용하지 않으며, 대신 〈FRAMESET〉을 사용한다.

Windows Internet Explorer에서 HTML 문서 실행하는 방법: 파일(F)–열기(O) 메뉴(혹은 Ctrl + O)를 선택하여 화면에 나타난 파일 선택 대화상자에서 HTML 문서를 찾은 후 확인 버튼을 클릭하면 된다(〈그림 3-1〉을 참조).

| 그림 3-1 | HTML 문서의 실행

제 4 장

Photoshop & HTML(HyperText Markup Language)

HTML 문서의 모양 만들기

1. HTML 문서의 구성

2. HTML 문서의 문자모양

3. 특수 문자(Escape Sequences)

4. HTML 문서의 몇 가지 태그

01 HTML 문서의 구성

본 장에서는 HTML 문서를 구성하는 데 있어 자주 사용하는 태그(tag)들을 설명할 것이다. HTML 문서의 단락은 P(paragraph) 태그로 지정할 수 있고, 단락의 제목은 Hn(heading) 태그로 지정할 수 있다. 그 외에 단락과 단락 사이를 나누는 BR(line break) 태그와 단락과 단락 사이에 수평선을 그리는 HR(horizontal rule) 태그 등이 있다.

(1) Hn(제목 글자 태그)

〈Hn〉 태그는 문서의 제목을 위해 사용되는 것으로, 1에서 6까지 총 6가지 종류가 있다. H1은 가장 큰 글자를 만들어 내고, H6은 가장 작은 글자를 만들어 낸다.

소 스	결 과 화 면
〈BODY〉 〈H1〉 행복하세요. 〈/H1〉 〈H2〉 행복하세요. 〈/H2〉 〈H3〉 행복하세요. 〈/H3〉 〈H4〉 행복하세요. 〈/H4〉 〈H5〉 행복하세요. 〈/H5〉 〈H6〉 행복하세요. 〈/H6〉 〈/BODY〉	행복하세요. 행복하세요. 행복하세요. 행복하세요. 행복하세요. 행복하세요.

(2) P(단락 태그)

〈P〉 태그는 단락이 시작하는 곳이나 단락이 끝나는 곳에 넣어서 단락을 구분하는 역할을 한다. 〈P〉 태그를 단락이 시작하는 곳에 넣은 경우에는 단락의 앞에 빈 줄이 생기게 되고, 단락이 끝나는 곳에 넣는 경우에는 단락의 끝 부분에 빈 줄이 생기게 된다. 〈/P〉를 사용하지 않아도 상관없으며, 〈BR〉 태그를 두 번 사용하면 한 번의 〈P〉 태그와 동일한 효과가 발생한다.

소 스	결과화면
〈BODY〉 　〈H1〉 This is a heading 〈/H1〉 　〈P〉 첫번째 단락입니다. 　〈P〉 두번째 단락입니다. 〈/BODY〉	This is a heading 첫번째 단락입니다. 두번째 단락입니다.

(3) BR(줄 바꿈 태그)

〈BR〉은 “line break”를 의미하며, 문단과 문단 사이에 빈 줄을 넣지 않고 줄만 바꾼다. 〈BR〉을 사용할 때에는 〈/BR〉을 사용하지 않는다.

소 스	결과화면
〈BODY〉 　한줄 띄우기 〈BR〉 　두줄 띄우기 〈BR〉 〈BR〉 　세줄 띄우기 〈BR〉 〈BR〉 〈BR〉 　세줄이 띄어졌어요. 〈/BODY〉	한줄 띄우기 두줄 띄우기 세줄 띄우기 세줄이 띄어졌어요.

(4) HR(수평선 태그)

〈HR〉 태그는 화면에 수평선을 그리고 싶을 때에 사용하며, 주로 단락과 단락을 구분하기 위해 사용된다. 〈/HR〉를 사용하지 않아도 상관없으며, 다음과 같이 속성을 지정할 수 있다.

① 〈HR SIZE = n〉: 수평선의 두께를 지정하는 속성이며, n은 픽셀의 수이다.

② 〈HR WIDTH = n〉: 수평선의 넓이를 지정하는 속성이며, n은 픽셀의 수이다.

③ 〈HR ALIGN = align〉: align은 LEFT(왼쪽 정렬), RIGHT(오른쪽 정렬), CENTER(가운데 정렬)가 들어갈 수 있다.

④ 〈HR NOSHADE〉: 수평선의 음영 효과를 없앤다. 즉, 선의 입체감을 제거하여 평면 느낌으로 적용시키기 위해서 사용한다.

⑤ 〈HR COLOR = 색상명 또는 #색상코드〉: 수평선의 색상을 지정한다.

소 스	결과화면
〈BODY〉 　〈HR〉 　〈HR SIZE = 10〉 　〈HR SIZE = 10 NOSHADE〉 　〈HR WIDTH = 100〉 　〈HR WIDTH = 100 　　　ALIGN=RIGHT〉 　〈HR COLOR=RED〉 〈/BODY〉	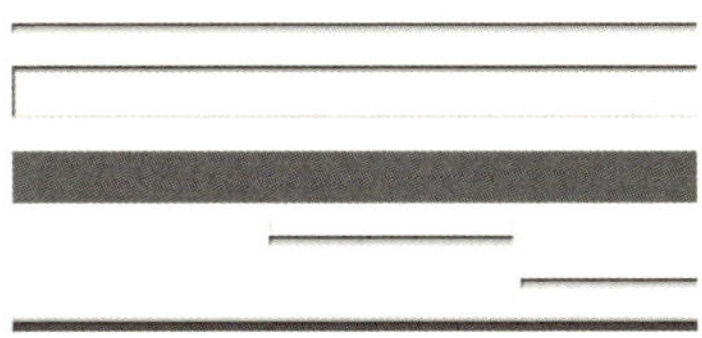

(5) CENTER(가운데 정렬)

〈CENTER〉 태그는 문단을 가운데로 정렬시키는데, 〈CENTER〉 이후에 나오는 모든 문단들은 〈/CENTER〉를 만날 때까지 모두 가운데로 정렬된다.

소 스	결과화면
〈BODY〉 왼쪽글씨 〈BR〉 〈CENTER〉 글씨가 가운데로〈BR〉 〈/CENTER〉 왼쪽글씨 〈BR〉 〈/BODY〉	왼쪽글씨 글씨가 가운데로 왼쪽글씨

(6) DIV

〈DIV〉 태그는 문단을 정렬하기 위해 사용된다. 속성 ALIGN에는 LEFT, CENTER, RIGHT 값이 들어가는데, 이를 통해 문단의 좌측 정렬, 가운데 정렬, 우측 정렬 등을 만들어 낼 수 있다. 한편, 〈div〉 태그의 사용법을 〈table〉 태그와 비교해서 설명하면 아래와 같다(참다운 현불사 지킴이, cafe.daum.net/charmhbs).

① 〈div〉 태그 사용법

〈div〉로 열어서 글이나 사진을 넣고 반드시 〈/div〉로 닫아야 한다.

[예]
〈div〉 글이나 사진 〈/div〉

② 박스 안에 박스를 넣는 방법

다음으로는 박스 안에 박스를 넣는 방법은 〈div〉 〈/div〉 사이에 〈div〉 〈/div〉를 넣으면 박스 안에 다른 박스를 넣을 수가 있다.

소 스	결과화면
〈div style= “”〉 제목 〈div style= “”〉 본문 〈/div〉 〈/div〉	제목 본문

③ 〈table〉 태그와의 비교

위의 〈div〉 태그 전부를 〈table〉 태그로 화면에서 똑같이 보이게 하려면 아래와 같이 하면 된다.

소 스	결과화면
〈table border=1〉 〈tr〉 〈td〉 제목 〈/td〉 〈/tr〉 〈tr〉 〈td〉 본문 〈/td〉 〈/tr〉 〈/table〉	제목 본문

(7) 주석

주석은 "〈!-- 주석 --〉"의 형식으로 사용되며, '〈!-'의 문자들 사이에 공백이 있어서는 안 된다. 복잡한 HTML 문서에는 주석을 사용하여 특정 부분을 설명하는 것이 필요하며, HTML 문서의 관리 및 수정할 HTML 문서를 찾을 때에도 많은 도움이 된다.

02 HTML 문서의 문자모양

HTML 문서에서 문자의 모양을 바꾸는 방법에는 두 가지(문자의 논리적 스타일, 문자의 물리적 스타일)가 있다.

(1) 문자의 논리적 스타일

문자가 어떠한 용도로 사용되는지만 지정한다. 즉, 화면의 어느 부분이 강조될 것인가만 알려준다.

| 표 4-1 | 문자의 논리적 스타일

태그	이름	용도
DFN	Definition	용어 정의
EM	Emphasis	부분 강조
CITE	Citation	부분 인용
CODE	Code	타이핑된 코드
KBD	Keyboard	사용자 키보드 입력
SAMP	Sample	예제
STRIKE	Strike	글자 가운데 줄 그리기
STRONG	Strong	강한 강조
VAR	Variable	변수 이름

소스

```
〈DFN〉 WORD DEFINITION 〈/DFN〉〈BR〉
〈STRONG〉 STRONG SAMPLE 〈/STRONG〉〈BR〉
이것은 〈CITE〉 CITE 태그를 사용한 인용문〈/CITE〉이다.〈BR〉
이것은 〈CODE〉 CODE 태그를 사용한 컴퓨터 코드〈/CODE〉이
  다.〈BR〉
이것은 〈DFN〉 DFN 태그를 사용한 정의어 〈/DFN〉이다.〈BR〉
이것은 〈KBD〉 KBD 태그를 사용한 컴퓨터 코드 〈/KBD〉이다.〈BR〉
이것은 〈SAMP〉 SAMP 태그를 사용한 상수 문자 〈/SAMP〉이
  다.〈BR〉
이것은 〈STRONG〉 STRONG 태그를 사용한 강조 〈/STRONG〉이
  다.〈BR〉
이것은 〈VAR〉 VAR 태그를 사용한 변수 〈/VAR〉이다.〈BR〉
```

결과화면

WORD DEFINITION
STRONG SAMPLE
이것은 *CITE 태그를 사용한 인용문*이다.
이것은 CODE 태그를 사용한 컴퓨터 코드이다.
이것은 *DFN 태그를 사용한 정의어* 이다.
이것은 KBD 태그를 사용한 컴퓨터 코드 이다.
이것은 SAMP 태그를 사용한 상수 문자 이다.
이것은 **STRONG 태그를 사용한 강조** 이다.
이것은 *VAR 태그를 사용한 변수* 이다.

위에서 언급한 문자의 논리적 스타일들의 용도를 조금 더 구체적으로 설명하면 다음과 같다.

① DFN(definition): 어떤 단어를 정의할 때 사용하는 것으로 일반적으로 글자모양은 이탤릭체나 볼드체로 나타난다.

② EM(emphasis): 문자를 강조하기 위해 사용하며, 글자모양은 이탤릭체로 나타난다.

③ CITE(citation): 책이나 레퍼런스(reference) 등을 간단하게 인용할 때 사용하는 것으로, 글자모양은 이탤릭체로 나타난다.

④ CODE(code): 타이핑된 컴퓨터 프로그램 코드를 나타낼 때 사용하는 것으로, 보통 글자모양은 고정 폭 글자체인 쿠리어(courier) 폰트로 나타난다. 주로 한 줄 정도의 프로그램 코드를 표시할 때 사용하게 되고, 만약 여러 줄의 프로그램 코드라면 〈PRE〉 태그를 사용하는 것이 좋다.

⑤ KBD(keyboard): 사용자의 키보드 입력을 나타낼 때 사용하는 것으로, 글자모양은 고정 폭 글자체로 나타난다.

⑥ SAMP(sample): 컴퓨터의 상태 메시지를 나타낼 때 사용하는 것으로, 글자모양은 고정 폭 글자체로 나타난다.

⑦ STRIKE(Strike): 문자 중간 부분에 줄을 그리는 것으로, 주로 강조하기 위해 많이 사용된다.

⑧ STRONG(strong): 특정 문자를 강하게 강조하기 위해 사용하는 것으로, 글자모양은 볼드체로 나타난다.

⑨ VAR(variable): 주로 변수이름을 나타낼 때 사용하는 것으로, 글자모양은 이탤릭체로 나타난다.

(2) 문자의 물리적 스타일

물리적 스타일은 실제로 웹브라우저 화면에 나타나기 원하는 글자 모양을 직접 지정하는 방식이며, 대부분의 논리적 스타일과 다르게 서로 중첩되어 사용될 수 있다.

표 4-2 문자의 물리적 스타일

태그	이름	용도
B	Boldface	볼드체
BIG	Big	좀 더 크게
I	Italics	이탤릭체
U	Underlined	밑줄 문자
TT	Typewriter	타자기체
BLINK	Blinking	문자 깜박임
SMALL	Small	좀 더 작은 크기
SUB	Subscript	밑첨자
SUP	Superscript	윗첨자

소 스	결과화면
This is 〈B〉Boldface Font〈/B〉〈BR〉	This is **Boldface Font**
This is 〈U〉Underlined Font〈/U〉〈BR〉	This is Underlined Font
〈B〉 굵은 문자 〈/B〉〈BR〉	**굵은 문자**
〈I〉 이탤릭체〈/I〉〈BR〉	*이탤릭체*
〈TT〉 등폭 타자체 〈/TT〉〈BR〉	등폭 타자체
Y=AX〈SUP〉3〈/SUP〉 + BX〈SUP〉-4〈/SUP〉〈BR〉	$Y=AX^{3}+BX^{-4}$
Y〈SUB〉0〈/SUB〉=AX〈SUP〉2〈/SUP〉 +BX〈SUP〉-1〈/SUP〉〈BR〉	$Y_{0}=AX^{2}+BX^{-1}$
〈U〉 밑줄 친 문자 〈/U〉〈BR〉	밑줄 친 문자
〈S〉 취소선 〈/S〉〈BR〉	~~취소선~~

위에서 언급한 문자의 물리적 스타일들의 용도를 조금 더 구체적으로 설명하면 다음과 같다.

① B: 특정 부분을 볼드체로 바꾸고 싶을 때 사용한다.

② BIG: 현재 지정된 폰트보다 좀 더 큰 크기의 폰트로 만들려고 할 때 사용된다.

③ I: 특정 부분을 이탤릭체로 나타내고 싶을 때 사용한다.

④ U: 특정 부분을 밑줄 문자로 나타내고 싶을 때 사용한다.

⑤ TT: 타자기로 입력한 모양으로 만들고 싶을 때 사용한다.

⑥ BLINK: 특정 문자를 깜박거리도록 만든다.

⑦ SMALL: 현재 지정된 폰트 크기보다 좀 더 작은 크기의 폰트로 만들려고 할 때 사용된다.

⑧ SUB: 특정 부분을 밑첨자로 나타내고 싶을 때 사용한다.

⑨ SUP: 특정 부분을 윗첨자로 나타내고 싶을 때 사용한다.

(3) 폰트의 크기(FONT)

〈Hn〉 태그는 이미 크기가 정해져 있어서 특정 텍스트를 조금 다른 크기로 쓰고 싶을 때 불편하다. 하지만, 〈FONT〉 태그의 속성으로 사용하는 SIZE에는 폰트의 임의 크기를 지정할 수 있는데, 여기에 들어갈 수 있는 값의 범위는 1부터 7까지이다. 상대 크기의 지정도 가능한데, SIZE 속성에 폰트크기 대신에 +, - 기호를 이용한다. 예를 들어, 기본 글꼴 크기보다 3만큼 큰 글꼴을 지정하려면 '+3'이라고 하면 된다.

소 스	결과화면

〈BODY〉
  〈FONT SIZE = 4〉 FONT SIZE:
    4 〈/FONT〉 〈BR〉
  〈FONT SIZE = 7〉 FONT SIZE:
    7〈/FONT〉 〈BR〉
〈/BODY〉
	FONT SIZE: 4
	FONT SIZE: 7

03 특수 문자(Escape Sequences)

특수 문자라는 것은 키보드를 통해 입력할 수 없는 문자 및 HTML 문서에서 예약어로 사용하고 있는 문자를 의미한다. HTML 문서에는 ESC 코드를 사용하여 특수 문자를 입력할 수 있는데, ESC 코드는 보통 “&” 기호로 시작하여 “;” 기호로 끝나게 된다. 다만, 아래와 같은 예약어를 문서에서 사용하려면 별도의 지정어를 사용하는데, 실제로 HTML 문서를 만들 때에 특수 문자를 자주 사용하지는 않는다.

기 호	HTML 문서 입력시 사용할 문자
<	<
>	>
&	&
“	"
공백	

키보드로 입력할 수 없는 문자들은 이름을 가진 것과 이름을 가지지 않고 숫자로 표현되는 것이 있다. 물론 이름과 숫자 두 가지 모두 가지고 있는 문자도 있다. 이름을 가진 것은 위에서 언급한 바와 같이 “&” 기호로 시작하여 “;” 기호로 끝나게 되며, 이름은 반드시 소문자로 써야 한다.

기 호	HTML 문서 입력시 사용할 문자
®	®
©	©

한편, 숫자로 표현되는 문자는 숫자 앞에 "&" 기호와 "#" 기호를 쓰고 뒤에 ";" 기호를 붙여준다.

소스	〈BODY〉 　〈H1〉 <H1>"This is a heading" 　　　<H1> 〈/H1〉 〈/BODY〉
결과 화면	<H1>"This is a heading"<H1>

04 HTML 문서의 몇 가지 태그

(1) PRE

〈PRE〉 태그를 사용하게 되면 문자는 편집기에서 편집되어 있는 모양 그대로 웹브라우저에 나타나게 된다. 글자 사이의 간격이 중요한 표나 문서의 경우에 〈PRE〉가 유용하게 사용된다. 〈PRE〉 태그에서 사용되는 WIDTH 속성은 한 줄에 나타날 수 있는 최대 글자 수를 의미한다. WIDTH의 디폴트 값은 80이다. 만약에 한 줄에 나타나는 글자의 수가 최대값을 넘기는 경우에는 나머지 문자들이 자동적으로 다음 줄로 넘어가게 된다.

소 스	결과화면
〈BODY〉 　〈PRE〉 　　이름　국어 수학 총점 　　홍길동 90　80　170 　　나순희 70　80　150 　〈/PRE〉 〈/BODY〉	이름　　국어 수학 총점 홍길동　90　80　170 나순희　70　80　150

(2) PLAINTEXT

〈PRE〉 태그처럼 문단을 입력한 그대로 보여준다. 〈PLAINTEXT〉는 〈XMP〉 태그와 기능은 똑같다. 하지만, PLAINTEXT는 〈/PLAINTEXT〉라는 닫기 명령이 없다.

(3) XMP

XMP 태그는 그 안에 있는 HTML 태그까지 문자 그대로 나타내 주는데, 주로 예문을 나타낼 때 사용한다. 한편, XMP 태그는 위에서 언급한 PRE 태그와는 약간 차이가 있다. 즉, PRE 태그 내에서 다른 태그를 사용하면 그 태그의 효과가 나타나지만, XMP 태그에서는 일반 글자로 인식되어 입력한 명령이 그대로 출력된다.

소 스	결과화면
〈BODY〉 〈XMP〉 xmp 태그 안에 글을 쓰면 줄 바꿈과 공백 뿐만 아니라 〈br〉 이렇게 태그도 그대로 표현 할 수 있다. 〈/XMP〉 〈/BODY〉	xmp 태그 안애 글을 쓰면 줄 바꿈과 공백 뿐만 아니라 이렇게 태그도 그대로 표현할 수 있다.

(4) BLOCKQUOTE

〈BLOCKQUOTE〉 태그는 인용되는 문단을 다른 문단과 구별하기 위해 사용한다. 인용문단의 왼쪽과 오른쪽에 약간의 여백을 만들고 경우에 따라서는 이탤릭체를 사용한다.

소 스	결과화면
〈BODY〉 〈BLOCKQUOTE〉 하얀 민들레는 참으로 아름답다. 〈/BLOCKQUOTE〉 〈/BODY〉	하얀 민들레는 참으로 아름답다.

(5) ADDRESS

〈ADDRESS〉 태그는 HTML 문서를 만든 사람이 누구인지 알리기 위해 사용되며, HTML 문서의 맨 마지막에 나타난다.

소 스	결과화면
<BODY> <ADDRESS> kymkym@chollian.dacom.co.kr </ADDRESS> </BODY>	*kymkym@chollian.dacom.co.kr*

제 5 장

Photoshop & HTML(HyperText Markup Language)

HTML 문서에 목록과 표 넣기

1. HTML 문서의 목록

2. HTML 문서의 표

01 HTML 문서의 목록

HTML에서 제공하는 목록의 종류는 다음과 같다.

① 순서 있는 목록

② 순서 없는 목록

③ 메뉴 목록

④ 디렉터리(directory) 목록

⑤ 용어정의 목록

(1) 순서 있는 목록(〈OL〉)

목록들이 순서를 가지고 있으며, 각 목록 앞에는 번호가 붙는다. 목록을 위하여 〈OL〉 태그를 사용하고, 각 목록에는 〈LI〉 태그를 사용한다.

① OL: ordered list의 약자이다.

② LI: list item의 약자이다.

③ 목록의 작성방법

ⓐ '순서 있는 목록'을 시작할 곳에 〈OL〉 태그를 쓴다.

ⓑ 〈OL〉 태그 다음 줄부터 목록들을 하나씩 입력하는데, 각 목록 앞에는 〈LI〉 태그를 붙인다. 목록 끝부분에는 〈/LI〉 태그를 쓰지 않아도 된다.

ⓒ 목록을 모두 입력한 후에는 〈/OL〉 태그를 쓴다.

소 스	결과화면
〈BODY〉 〈OL〉 〈LI〉 사과 〈LI〉 배 〈/OL〉 〈/BODY〉	1. 사과 2. 배

④ 각 목록 앞에 숫자 이외에 다른 기호를 나타나게 하려면 TYPE 속성을 이용한다.

ⓐ 〈OL TYPE = A〉: 알파벳(대문자)

ⓑ 〈OL TYPE = a〉: 알파벳(소문자)

ⓒ 〈OL TYPE = I〉: 로마숫자(대문자)

ⓓ 〈OL TYPE = i〉: 로마숫자(소문자)

ⓔ 〈OL TYPE = 1〉: 숫자

(2) 순서 없는 목록(〈UL〉)

순서에 관계없이 목록을 나열할 때 〈UL〉을 사용하며, UL은 Unordered List의 약어이다. 〈LI〉에서 제공하는 TYPE이라는 속성을 이용하게 되면, 특정 모양이 나타나도록 지정할 수 있다.

ⓐ 〈LI TYPE = disc〉: 원반 표시

ⓑ 〈LI TYPE = circle〉: 원 표시

ⓒ 〈LI TYPE = square〉: 사각형 표시

소 스	결과화면
〈BODY〉 　컴퓨터관련 전문잡지〈BR〉 　〈UL〉 　　〈LI TYPE = disc〉 PC월드 　　〈LI TYPE = circle〉 경영과 컴퓨터 　〈/UL〉 〈/BODY〉	컴퓨터관련 전문잡지 • PC월드 ◦ 경영과 컴퓨터

(3) 메뉴목록

메뉴목록은 "순서 없는 목록"에 비해 길이가 짧은 목록 전용으로 사용하기 위해 만들어졌으며, 〈MENU〉라는 태그가 사용된다. 또한 각 목록에는 앞에 나온 목록처럼 〈LI〉라는 태그가 앞에 붙게 된다.

소 스	결과화면
〈BODY〉 　〈MENU〉 　　〈LI〉아름다운 연산홍〈/LI〉 　　〈LI〉매실이 달린 매화나무〈/LI〉 　　〈LI〉향기가 좋은 라일락〈/LI〉 　　〈LI〉추위에 견딘 동백꽃〈/LI〉 　〈/MENU〉 〈/BODY〉	• 아름다운 연산홍 • 매실이 달린 매화나무 • 향기가 좋은 라일락 • 추위에 견딘 동백꽃

(4) 디렉터리(directory) 목록

주로 디렉터리(directory) 리스트를 나타낼 때 사용되며, 파일이름과 같이 길이가 짧은 목록들을 나타낼 때 사용한다. 즉, 디렉터리(directory) 목록은 〈DIR〉이라는 태그를 사용하게 되며, 각 목록에는 앞에 나온 목록처럼 〈LI〉라는 태그가 앞에 붙게 된다.

소 스	결과화면

〈BODY〉
  한국음식메뉴〈BR〉
  〈DIR〉
    〈LI〉 김치
    〈LI〉 튀김
  〈/DIR〉
〈/BODY〉
	한국음식메뉴
	
	• 김치
	• 튀김

(5) 용어 정의 목록

〈DL〉, 〈DT〉 및 〈DD〉 태그는 어떤 용어에 대한 설명이나 정의를 쓸 때에 사용한다. 〈DT〉 태그 뒤에 용어를 쓰고 〈DD〉 뒤에 용어 설명을 쓰는 방식을 사용하게 된다. DL은 definition list의 약자이며, DT는 definition term의 약자, 그리고 DD는 definition description의 약자이다.

소스	〈BODY〉 〈DL〉 〈DT〉 컴퓨터 〈DD〉 컴퓨터는 신의 선물이다. 〈DT〉 소프트웨어 〈DD〉 소프트웨어는 다양한 작업을 하기 위해 필요하다. 〈/DL〉 〈/BODY〉
결과 화면	컴퓨터 컴퓨터는 신의 선물이다. 소프트웨어 소프트웨어는 다양한 작업을 하기 위해 필요하다.

(6) 목록의 중첩

위에서 설명된 5개의 목록들은 모두 중첩되어 사용할 수 있다.

02 HTML 문서의 표

HTML 문서에 표(테이블, table)를 넣는 방법에 대하여 살펴보면, 〈TABLE〉 태그를 이용하여 표를 만들게 된다. 또한 〈TABLE〉 태그의 속성은 다음과 같다.

① BORDER: 표의 테두리를 그릴 것인지를 결정한다. 예를 들

어, 〈TABLE BORDER = 5〉는 두께가 5 픽셀(Pixel)인 테두리를 그린다는 의미이다.

② CELLSPACING: 셀과 셀 사이의 간격을 지정하고 싶을 때 사용한다. 예를 들어, 〈TABLE CELLSPACING = 5〉는 셀과 셀 사이를 5 픽셀만큼 떨어지게 만든다는 의미이다.

③ WIDTH: 표의 가로 길이를 지정한다.

④ HEIGHT: 표의 세로 높이를 지정한다.

한편, 표의 내용을 채우기 위해 사용되는 태그들은 다음과 같다.

① 〈CAPTION〉: 표의 제목을 적는 곳이다.

② 〈TH〉: 표의 헤더를 적는 곳인데, 〈TD〉를 사용해도 결과는 같다.

③ 〈TD〉: 표의 내용을 적는 곳이다.

④ 〈TR〉: 한 행의 끝을 의미한다.

(1) CAPTION

표에 대한 제목이나 설명을 쓸 때 사용하게 된다.

[예]
〈CAPTION〉 도수분포표 〈/CAPTION〉

(2) TH

TH는 table header의 약자로서 표를 구성하고 있는 각 칼럼(column)의 제목을 알려주게 되는데, TH 대신에 아래에서 설명할 TD(table data)를 사용해도 된다. 이 헤더에 의하여 표에 몇 개의 칼럼(column, 칸)이 나타나게 되는지가 결정되며, 〈TH〉의 속성은 다음과 같다.

① ALIGN: 헤더의 셀에 들어가는 제목의 정렬 방식으로, 3가지 값이 들어갈 수 있다. 〈TH〉의 디폴트 값은 CENTER이다.

ⓐ 〈TH ALIGN = LEFT〉: 왼쪽 정렬

ⓑ 〈TH ALIGN = RIGHT〉: 오른쪽 정렬

ⓒ 〈TH ALIGN = CENTER〉: 가운데 정렬

② ROWSPAN: 헤더의 셀을 몇 개의 행(row)에 걸쳐 있는지를 정하는 곳으로, 디폴트 값은 1이다. 즉, 여러 줄을 하나로 합칠 때에 사용한다.

③ COLSPAN: 헤더의 셀을 몇 개의 열(column)에 걸쳐 있는지를 정하는 곳으로, 디폴트 값은 1이다. 즉, 여러 칸을 하나로 합칠 때에 사용한다.

④ VALIGN: 헤더의 셀에 들어가는 제목의 수직 정렬 방식으로 4가지 값이 들어갈 수 있다.

ⓐ 〈TH VALIGN = TOP〉: 내용을 셀의 위에 정렬한다.

ⓑ 〈TH VALIGN = MIDDLE〉: 내용을 셀의 가운데 정렬한다.

ⓒ 〈TH VALIGN = BOTTOM〉: 내용을 셀의 밑에 정렬한다.

ⓓ 〈TH VALIGN = BASELINE〉: 내용을 셀의 BASELINE 에 정렬하는데, HTML5에서는 지원되지 않는다.

⑤ WIDTH: 셀의 수평 길이를 나타낸다.

⑥ HEIGHT: 셀의 수직 길이를 나타낸다.

⑦ NOWRAP: 셀의 끝에서 다음 줄로 자동으로 내려가는 것을 금지할 때에 사용한다. 자동적으로 줄 바꾸기를 하지 않으려면 〈TD〉, 〈TH〉 태그에 NOWRAP 옵션을 지정하면 된다.

소 스	결과화면

〈BODY〉
  〈TABLE BORDER height=100〉
    〈TR〉
    〈TH〉Food〈/th〉〈th〉Drink〈/th〉
    〈TH〉Sweet〈/th〉〈th〉Other〈/th〉
    〈/TR〉
    〈TR〉
    〈TD valign=top〉A〈/TD〉
    〈TD valign=middle〉B〈/TD〉
    〈TD valign=bottom〉C〈/TD〉
    〈TD valign=baseline〉D〈/TD〉
    〈/TR〉
  〈/TABLE〉
〈/BODY〉
	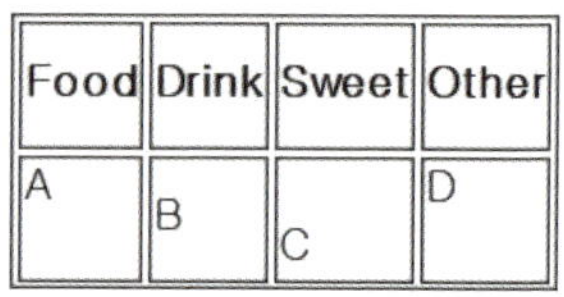

(3) TD

TD는 table data의 약자로서 표(table)의 헤더 밑에 하나씩 들어가는 각 셀의 데이터를 지정한다. 한 행에 들어가는 칼럼(column)의 수는 표의 헤더에서 정한 개수를 그대로 맞춰주어야 한다. 만약에 헤더에서 〈TH〉 태그를 3개 사용하여 3개의 칼럼(column)을 지정하였다면 〈TD〉 태그 역시 한 행(row)에 3개가 지정되어야 한다. 〈TD〉의 속성은 다음과 같다.

① ALIGN: 셀의 정렬 방식으로, 3가지 값이 들어갈 수 있다. 〈TD〉의 디폴트 값은 LEFT이다.

ⓐ 〈TD ALIGN = LEFT〉: 왼쪽 정렬

ⓑ 〈TD ALIGN = CENTER〉: 가운데 정렬

ⓒ 〈TD ALIGN = RIGHT〉: 오른쪽 정렬

소 스	결과화면
〈BODY〉 〈TABLE border=1〉 〈TR〉 〈TD width=100 height=100 COLSPAN=2〉 1 〈/TD〉 〈/TR〉 〈TR〉 〈TD width=100 height=100〉 3 〈/TD〉 〈TD width=100 height=100 ROWSPAN=2〉 4 〈/TD〉 〈/TR〉 〈TR〉 〈TD width=100 height=100〉 5 〈/TD〉 〈/TR〉 〈/TABLE〉 〈/BODY〉	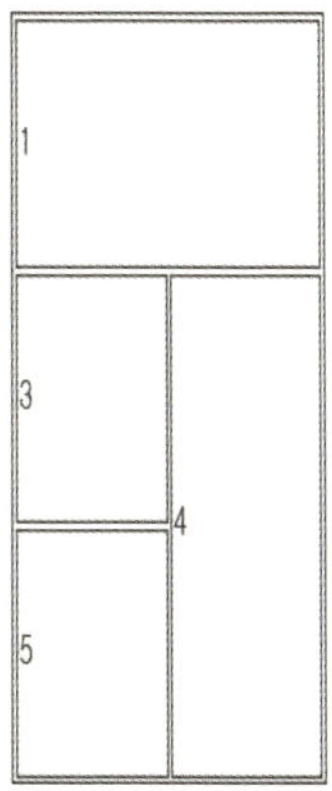

② ROWSPAN: 셀을 몇 개의 행(row)에 걸쳐 있는지를 정하는 곳으로, 디폴트 값은 1이다. 즉, 여러 줄을 하나로 합칠 때에 사용한다.

③ COLSPAN: 셀을 몇 개의 열(column)에 걸쳐 있는지를 정하는 곳으로, 디폴트 값은 1이다. 즉, 여러 칸을 하나로 합칠 때에 사용한다.

(4) TR

TR은 표(table)의 각 행이 끝났다는 것을 지정한다. 〈TR〉 태그가 나오지 않으면 표의 모든 셀들이 1줄로 나타나게 된다.

소 스

```
〈BODY〉
  〈TABLE BORDER〉
    〈CAPTION〉 표 연습 〈/CAPTION〉
      〈TH〉 날짜 〈/TH〉
      〈TH〉 항목 〈/TH〉
      〈TH〉 판매 〈/TH〉
    〈TR〉
      〈TD〉 1996.9.5 〈/TD〉
      〈TD〉 냉장고 〈/TD〉
      〈TD〉 2,000,000 〈/TD〉
    〈/TR〉
  〈/TABLE〉
〈/BODY〉
```

결과화면

표 연습

날짜	항목	판매
1996.9.5	냉장고	2,000,000

HTML 문서에서 표(table)가 만들어지는 원리를 보면 데이터(문자, 숫자, 기호 등)가 있어야만 셀의 모양이 갖추어진다. 따라서 빈 칸을 만들려면 공백 문자를 강제로 넣어 주어야 한다. 이러한 경우에 사용하는 것이 〈PRE〉 … 〈/PRE〉 태그이다.

① 〈PRE〉 … 〈/PRE〉: 아무 것도 넣지 않고 셀에 넣으면 다른 셀과 유사한 모양의 셀이 만들어진다.

② 예를 들어, 위에서 언급한 HTML 문서에서 두 곳에 들어갈 데이터(문자, 숫자, 기호 등)가 아직 결정되지 않았다면 아래와 같이 할 수도 있을 것이다.

```
〈BODY〉
  〈TABLE BORDER〉
    〈CAPTION〉 표 연습 〈/CAPTION〉
      〈TH〉 날짜 〈/TH〉
      〈TH〉 항목 〈/TH〉
      〈TH〉 〈PRE〉 〈/PRE〉 〈/TH〉
    〈TR〉
      〈TD〉 1996.9.5 〈/TD〉
      〈TD〉 〈PRE〉 〈/PRE〉 〈/TD〉
      〈TD〉 2,000,000 〈/TD〉
    〈/TR〉
  〈/TABLE〉
〈/BODY〉
```

Photoshop & HTML(HyperText Markup Language)

제 6 장

HTML 문서의 연결

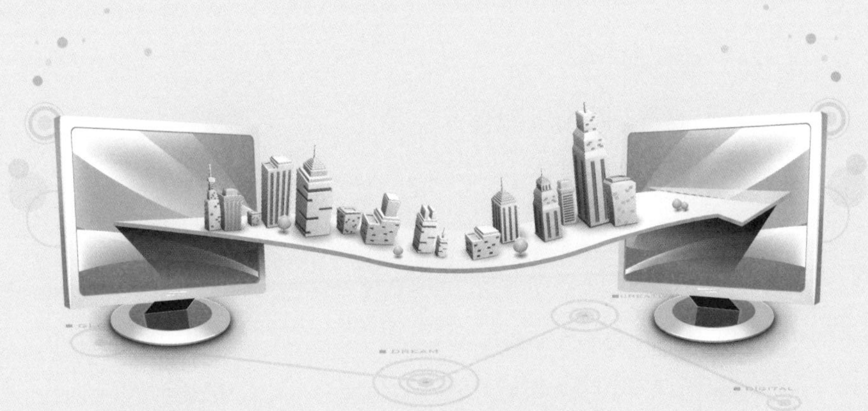

1. 〈A〉 : 앵커 태그

2. HTML 문서 내에서의 연결

3. 인터넷상에서의 연결

HTML 문서의 연결은 다음과 같이 3가지로 세분할 수 있다.

① HTML 문서 내에서의 연결

② 한 컴퓨터 안에서의 연결

③ 인터넷 상에서의 연결

01 〈A〉: 앵커 태그

〈A〉 태그는 하이퍼텍스트(hypertext) 연결을 위해 사용하는 것으로서, HTML 문서의 특정 위치, 다른 문서 혹은 다른 컴퓨터에 연결하는 역할을 하게 된다. 〈A〉는 Anchor, 즉 닻이라는 말의 약자이다.

〈A〉 태그 안에 NAME 속성을 넣음으로써 연결될 수 있는 지점을 지정할 수도 있고, HREF 속성을 넣음으로써 이동하고 싶은 곳의 위치(주소)를 지정할 수 있다. 물론 NAME과 HREF 두 속성을 모두 사용하여 현재 위치와 이동하고 싶은 곳의 위치를 동시에 지정할 수 있다. 또한, HTML에서 새로 추가된 태그는 다음과 같은데, 일반적으로 많이 사용하지는 않는다.

① REL: 현재 〈A〉 태그에 연결된 문서의 종류에 관한 정보를

제공해 준다.

② REV: 〈A〉 태그에 연결된 문서에서 현재 문서에 관한 정보를 참조할 때 사용될 값을 지정한다.

(1) HREF

하이퍼텍스트 연결로 이동하고자 하는 곳의 위치를 지정하게 된다. HREF 속성에는 URL(uniform resource locator, 인터넷 주소)이 들어갈 수 있고, NAME 속성에 의해 지정된 곳의 이름이 들어갈 수 있다.

소스	〈BODY〉 　〈A HREF = “http://www.daum.net”〉 다음 사이트 〈/A〉 〈BR〉 　〈A HREF = “#location1”〉 문서의 첫번째 위치로 〈/A〉 〈/BODY〉
결과 화면	<u>다음 사이트</u> <u>문서의 첫번째 위치로</u>

위에서 보듯이 일반적으로는 HREF 속성에는 URL이 들어가는 것을 가장 많이 사용하게 되며, NAME 속성은 가끔 사용되고 있다.

(2) NAME

하이퍼텍스트로 연결할 HTML 문서의 특정 위치에 표식을 만들고 싶을 때 사용하게 된다. NAME 속성 뒤에 나오는 이름은 나

중에 HREF 속성에서 연결하기 위해 사용하게 될 이름이 되기도 한다.

```
[예]
<A NAME = "location1"> 여기는 문서의 첫번째 위치 </A>
```

02 HTML 문서 내에서의 연결

HTML 문서 내에서의 연결을 위해서는 HREF와 NAME을 동시에 사용해야 한다. 먼저 하이퍼텍스트로 연결되고자 하는 곳에 NAME 속성을 이용하여 표식을 달아야 한다. HTML 문서의 어느 위치에나 상관없이 넣을 수 있다.

```
<A NAME = "chap1"> 제1장 </A>
```

이제 HTML 문서의 어느 위치에서도 "chap1"이라는 이름을 이용하여 이곳으로 이동할 수 있다. 이때에 이름 앞에 "#" 기호를 붙여야 한다.

```
<A HREF = "#chap1"> 제1장으로 </A>
```

Windows Internet Explorer에서 〈A〉 태그의 HREF 속성을 사용한 문자는 파란색으로 바뀌면서 밑줄이 그어지게 된다. 이곳으로 마우스를 이동해 보면 마우스 커서의 모양이 손가락으로 바뀌는 것을 볼 수 있다. 이 손가락 마우스 커서가 의미하는 것은 현재 위치에서 마우스를 클릭하면 여기서 연결된 곳으로 이동하게 된다는 것이다. 그리고 이동할 곳의 위치는 화면 하단에 자동으로 나타나게 된다.

03 인터넷상에서의 연결

WWW 서비스를 연결하는 방법은 〈A〉 태그의 HREF 속성에 해당 서비스의 URL을 지정하면 된다.

(1) URL에 대해

인터넷 상에 있는 모든 파일과 서비스는 URL(uniform resource locator, 인터넷 주소)로 나타내는데, 여기에는 다음과 같은 정보들이 들어가게 된다.

```
[예] URL의 요소
① 통신 프로토콜: 서버와 연결하는 방법(HTTP, FTP, GOPHER..)
② 도메인 네임: 서버의 인터넷 주소
③ 포트 번호: 서버의 포트의 번호(꼭 필요한 경우에만 사용된다.)
④ 서비스 위치: 서비스를 담고 있는 파일의 경로명
```

```
[예]
http://www.domainname.com:1500/directory/file.html
 ①            ②                ③         ④
```

(2) URL의 문자

URL은 일반적으로 알파벳 문자와 숫자와 몇 가지의 기호들에 의하여 만들어진다. 하지만, URL을 만드는 데에는 사용할 수 있는 문자가 있고 사용할 수 없는 문자가 있다.

표 6-1 URL에서 사용할 수 없는 문자와 대체 코드

문자	대체 코드	문자	대체 코드
TAB	%09	SPACE	%20
“	%22	<	%3C
>	%3E	{	%5B
₩	%5C	}	%5D
^	%5E	‘	%60
{	%7B	|	%7C
}	%7D	~	%7E

(3) HTTP

파일과 디렉터리(directory)를 URL에서 지정할 때 약간의 차이를 보이고 있는데, 디렉터리(directory)를 지정하는 경우에 "/" 문자로 끝나게 된다.

```
〈A HREF = "http://www.domain.com/www/home/"〉 새로운 WWW
 서브 〈/A〉
〈A HREF = "http://www.domain.com/www/home/index.html"〉
 서브 〈/A〉
```

```
[예]
〈BODY〉
  〈OL〉
    〈LI〉 〈A HREF = "http://www.io.com/~derae/"〉 Websurfer 〈/A〉
    〈LI〉 〈〉                                          〈〉
  〈/OL〉
〈/BODY〉
```

위의 URL에서 "~"라는 기호는 "www.io.com" 서버에 derae 라는 계정을 가지고 있는 사람들의 홈 디렉터리(directory)를 의미하게 된다.

Photoshop & HTML(HyperText Markup Language)

제 7 장

HTML 문서에 이미지 넣기

1. 웹브라우저에서 사용할 수 있는 이미지의 종류
2. 웹브라우저에서 문서와 이미지를 읽는 순서
3. 〈IMG〉: 이미지 태그
4. 이미지를 통한 문서의 연결
5. 작은 이미지를 활용한 큰 이미지 보여주기
6. HTML 문서의 배경 및 전경 바꾸기

01 웹브라우저에서 사용할 수 있는 이미지의 종류

웹브라우저(web browser)에서 사용할 수 있는 이미지들은 다음과 같다.

① 인라인 이미지(inline image): 외부 그래픽 프로그램을 사용하지 않고도 웹브라우저 화면상에서 보여줄 수 있는 것을 의미하는데, 다양한 이미지 호스팅 사이트에 등록되어 있는 이미지들은 〈IMG SRC〉 명령어를 사용하여 웹브라우저 화면상에서 보여줄 수 있다.

② 외부 이미지(external image): 외부 프로그램을 실행시켜 보여주는 이미지를 의미한다.

02 웹브라우저에서 문서와 이미지를 읽는 순서

먼저 HTML 문서를 읽어 들인 후에 이미지를 삽입하는 〈IMG〉라는 태그가 문서에 있는지 찾아보게 된다. 만약에 〈IMG〉 태그가 발견되었다면, 다시 한번 서버에 접속한 후에 필요한 이미지 파일을 가져온다.

03 〈IMG〉: 이미지 태그

〈IMG〉 태그를 이용하게 되면 HTML 문서의 원하는 위치에 여러 가지 형식의 이미지들을 보여줄 수 있는데, 다음과 같은 속성들이 있다.

① SRC: 이미지 파일이 위치한 곳에 관한 URL 정보가 들어가게 된다. 나의 컴퓨터에 다음로고이미지가 daum.png로 저장되어 있을 때 파일명만 적으면 된다. 하지만, 이미지 호스팅 사이트에 이미지가 저장되어 있으면, 이미지 호스팅 사이트(image hosting site)의 주소도 함께 적어야 한다.

```
[예] 〈IMG SRC = “daum.png”〉
     〈img src = “http://www.mis.or.kr/images/new_main_13.gif”〉
```

▌표 7-1▐

소 스	결과화면

〈BODY〉
  〈CENTER〉
    〈H1〉 다음이미지〈/H1〉
    〈IMG SRC = “daum.png”〉
  〈/CENTER〉
〈/BODY〉
	다음이미지

② ALIGN: 이미지와 텍스트를 같이 사용했을 때 텍스트의 위치를 정렬하는 기능을 가지고 있다. ALIGN 속성에 들어갈 수 있는 값은 다음과 같은데, TOP, MIDDLE, BOTTOM 속성 값인 경우 이미지 옆에 한 줄의 텍스트만 나타나게 되며, ALIGN 속성의 영향을 받는 것도 그 한 줄뿐이다. 하지만, LEFT와 RIGHT는 여러 줄의 텍스트가 한꺼번에 옆으로 나타난다.

ⓐ TOP: 이미지의 상단과 텍스트의 상단을 일치시킨다.
ⓑ MIDDLE: 이미지의 중간과 텍스트의 중간을 일치시킨다.
ⓒ BOTTOM: 이미지의 하단과 텍스트의 하단을 일치시킨다.
ⓓ LEFT: 이미지를 왼쪽으로 정렬시킨다.
ⓔ RIGHT: 이미지를 오른쪽으로 정렬시킨다.

표 7-2

소 스	결과화면
〈IMG SRC = “daum.png” ALIGN = top〉 이미지〈br〉	이미지
〈IMG SRC = “daum.png” ALIGN = middle〉 이미지〈br〉	이미지
〈IMG SRC = “daum.png” ALIGN = bottom〉 이미지 〈br〉	이미지

③ ALT: 텍스트만 볼 수 있는 웹 브라우저에서 이미지 대신에 보여주는 문장을 정해준다. ALT를 하지 않은 〈IMG〉를 텍스트 웹브라우저를 사용하여 보게 되면 [IMAGE] 또는 [INLINE]이라는 메시지만 나타나게 되는데, 이 경우 사용자는 어떤 그림이 있는지 알 수가 없다. 이러한 경우에 ALT 속성을 이용하여 이미지의 내용을 전달한다.

[예]
〈IMG SRC = “draw.gif” ALIGN = TOP ALT = “이미지 설명”〉 그림

④ BORDER: 이미지의 테두리를 그려주기 위한 속성이다.

⑤ HEIGHT: 이미지의 높이를 픽셀 단위로 지정한다.

⑥ WIDTH: 이미지의 넓이를 픽셀 단위로 지정한다.

⑦ VSPACE: 이미지의 상하에 얼마만큼의 여백을 줄지 지정한다.

⑧ HSPACE: 이미지의 좌우에 얼마만큼의 여백을 줄지 지정한다.

위에서 HEIGHT와 WIDTH는 매우 자주 사용하는데, 아래의 예와 같이 큰 크기의 이미지를 강제로 줄일 때에 유용하게 사용할 수 있다. 예를 들어, 이미지의 크기가 500 * 500 크기일 때에 아래와 같이 HEIGHT와 WIDTH를 사용하여 줄일 수 있는데, 비

율에 맞추어서 줄이지 않을 때에는 이미지의 선명도가 떨어질 수도 있다. 따라서 HEIGHT와 WIDTH를 사용하여 이미지를 강제로 줄이기보다는 포토샵으로 원하는 크기(예: 200 * 200)로 이미지를 줄여서 사용하는 것이 오히려 더 편리하다.

```
[예]
<IMG SRC = "draw.gif" width=200 height=200>
```

04 이미지를 통한 문서의 연결

(1) <A> 태그 이용

<A> 태그를 이용하여 이미지를 문서 연결도구로 사용한다. 마우스로 특정 이미지를 클릭하게 하는 경우에 여기에 연결된 문서로 자동으로 연결시켜준다. 예를 들어, "draw.gif"라는 이미지를 클릭하는 경우에 "next.htm"로 연결되도록 하려면 다음과 같이 태그를 구성하면 된다.

```
<A HREF = "next.htm"> <IMG SRC = "draw.gif"> </A>
```

(2) 〈MAP〉 태그를 이용

이미지맵 태그는 하나의 이미지를 여러 영역으로 나누어 각 영역을 각기 다른 웹 페이지로 연결하고자 하는 경우에 사용하게 되는데, 일반적으로는 잘 사용하지 않는 태그이다. 〈MAP〉 태그를 이용하는 HTML 문서의 형식은 아래와 같다.

```
[예]
〈html〉
〈head〉
〈title〉MAP 태그의 예〈/title〉
〈/head〉
〈body〉
〈img src="이미지경로" usemap="#이름"〉
〈map name="이름"〉
〈area shape="rect" coords="x1, y1, x2, y2" href="링크주소"〉
〈/map〉
〈/body〉
〈/html〉
```

(3) 〈A〉 태그와 〈MAP〉 태그의 차이점

이미지에 링크를 걸 때에 〈a href=" "〉...〈/a〉 태그는 하나의 경로만 링크를 걸 수 있는데, 이미지맵 태그를 활용하면 하나의 이미지에 여러 개의 영역을 만들어서 여러 개의 링크를 걸 수 있다.

05 작은 이미지를 활용한 큰 이미지 보여주기

파일 크기가 작은 이미지를 사용자에게 보여주고 사용자가 원하는 경우에 원래 크기의 이미지를 보여 줄 수 있다. 예를 들어, "sdraw.gif"라는 파일을 보여주고, 사용자가 이 이미지를 마우스로 클릭하는 경우에 "draw.gif"라는 파일을 불러 들여 웹브라우저에서 보여주려면 다음과 같이 태그를 구성하면 된다.

```
<A HREF = "draw.gif"> <IMG SRC = "sdraw.gif"> </A>
```

06 HTML 문서의 배경 및 전경 바꾸기

HTML 문서의 배경 및 전경에 나타나는 색과 이미지를 바꿀 수 있다.

(1) 배경색 바꾸기

HTML 문서의 배경색을 바꾸기 위해 〈BODY〉 태그에 BGCOLOR 라는 속성을 추가한다.

```
〈BODY BGCOLOR = "#RRGGBB"〉 〈/BODY〉
```

여기에서 BGCOLOR 속성 값으로는 배경색으로 사용될 컬러의 R, G, B 값이 들어가게 되는데, 포토샵의 도구 박스(Tool Box)에 있는 [전경색 설정]을 클릭하면 나타나는 색상 피커에 있는 값(# 옆의 기호)을 입력하면 된다(〈그림 7-1〉 참조).

(2) 배경 이미지 바꾸기

특정 이미지를 배경으로 사용할 수 있다.

```
〈BODY BACKGROUND = "back.gif"〉 … 〈/BODY〉
```

| 그림 7-1 | 포토샵의 색상 피커

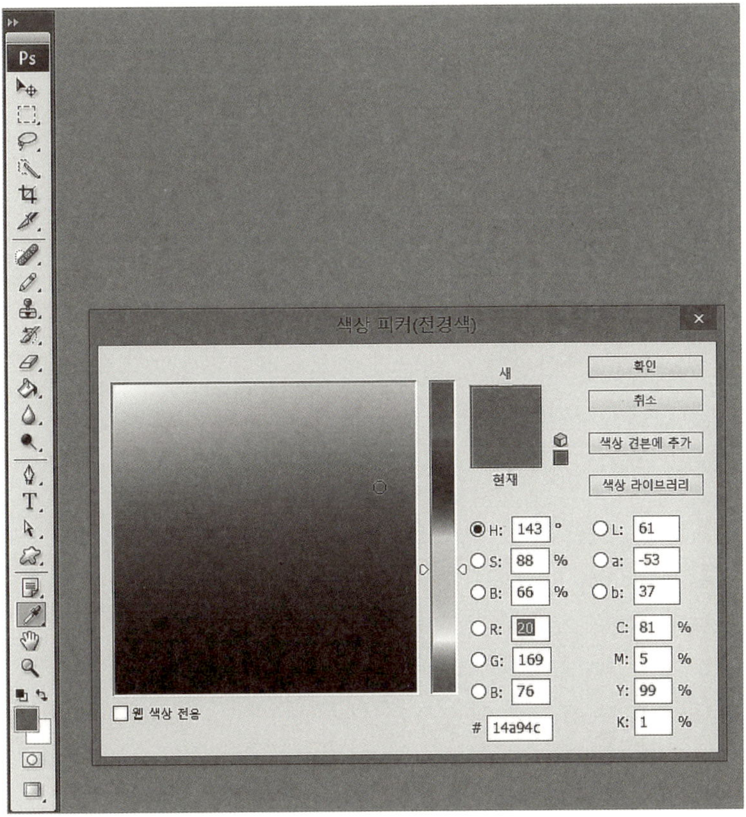

(3) 글자색 바꾸기

웹브라우저 화면에 나타나는 글자의 색을 바꿀 수 있다.

```
〈BODY TEXT = "#RRGGBB"〉 … 〈/BODY〉
```

(4) 연결 글자색 바꾸기

〈A〉 태그로 연결기능을 구현해 놓은 글자의 색을 바꾸기 위해 〈BODY〉 태그에 LINK, VLINK, ALINK라는 속성을 사용한다.

① LINK: 연결기능을 구현해 놓고 사용자가 선택하지 않은 상태의 색깔을 지정한다.

② VLINK: 한번이라도 방문한 상태의 색깔을 지정한다.

③ ALINK: 마우스로 클릭하고 아직 손을 떼지 않은 상태의 글자색을 지정한다.

```
[예]
〈BODY LINK = "#RRGGBB"〉 … 〈/BODY〉
〈BODY VLINK = "#RRGGBB"〉 … 〈/BODY〉
〈BODY ALINK = "#RRGGBB"〉 … 〈/BODY〉
```

Photoshop & HTML(HyperText Markup Language)

제 8 장

HTML 문서에 멀티미디어 요소 넣기

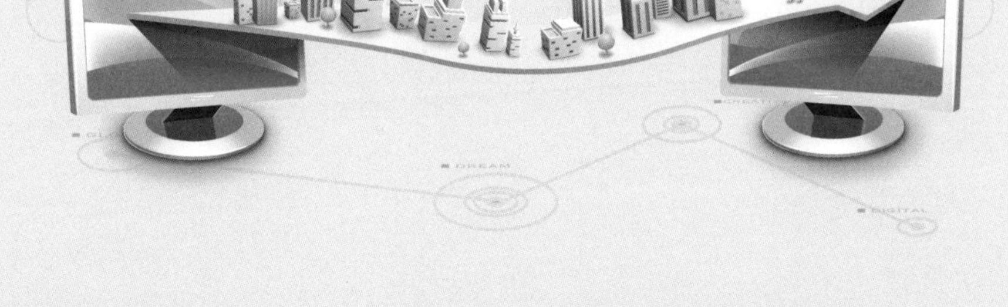

1. HTML 문서에서 멀티미디어의 의미

2. HTML 문서에 사운드 넣기

3. HTML 문서에 비디오 넣기

4. HTML 문서에 유튜브 사운드 및 비디오 연결하기

01 HTML 문서에서 멀티미디어의 의미

도움 애플리케이션(helper application)은 웹브라우저 자체에서 보여주거나 재생하지 못하는 이미지, 사운드, 비디오 등의 매체를 재생해 주게 된다. 예를 들어, 사용자가 사운드 파일을 선택하였다면, 웹브라우저는 선택한 파일이 사운드 파일이라는 것을 판단하여 사운드 재생을 위한 전용 애플리케이션을 실행시킨다.

한편, 본 저서에서는 HTML 문서에 비디오(video) 파일을 넣는 편리한 방법에 대해 설명할 것인데, 세계 최고의 동영상 사이트라고 할 수 있는 유튜브(www.youtube.com)의 활용에 대해서 설명할 것이다. 유튜브에 회원가입을 한 후에 동영상들을 등록하게 되면, 등록한 모든 동영상들은 My Channel(내 채널)에서 확인할 수 있는데, My Channel(내 채널)은 옥션(www.auction.co.kr)의 스토어(store)와 같이 독립적인 인터넷주소를 갖게 된다. 예를 들어, 저자의 유튜브 My Channel(내 채널)의 주소는 다음과 같다. 이를 활용하게 되면, 창업기업의 모든 홍보 동영상들을 유튜브에 등록하고, 홈페이지에서는 My Channel의 주소로 링크시키면 된다.

```
[유튜브 My Channel 주소]
www.youtube.com/user/newbiz2001/videos
```

02 HTML 문서에 사운드 넣기

(1) 사운드 파일

HTML 문서에 넣을 수 있는 사운드(sound) 파일은 아래와 같이 세 가지로 구분할 수 있다.

① AUDIO(AU) 파일: 윈도우 익스플로러(Explorer)가 제공하는 NAPLAYER.EXE라는 재생 프로그램을 이용하여 AUDIO 파일을 재생할 수 있다.

② AIFF: 매킨도시에서 사용한다.

③ WAV: PC에서 사용하는 마이크로소프트의 파일이다.

(2) HTML 문서에 사운드 파일 넣기

사운드 파일은 일반 문서를 연결할 때 사용하는 〈A〉 태그를 이용하여 HTML 문서에 넣을 수 있다.

```
〈A HREF = “sound.au”〉 sound.au 파일 재생 〈/A〉
```

(3) 윈도우 익스플로러(Explorer)에서 사운드 재생 프로그램 등록

일반적으로 창업기업의 홈페이지를 만들 때에 사운드(sound) 파일을 넣는 것은 신중하게 결정해야 한다. 고객들이 홈페이지에 접속했을 때에 자동으로 사운드 파일이 실행된다고 생각하면, 가끔은 당황스러운 상황에 직면하게 될 수도 있기 때문이다.

03 HTML 문서에 비디오 넣기

(1) 비디오 파일

HTML 문서에 넣을 수 있는 비디오(video) 파일의 종류는 다음과 같다.

① MPEG: Moving Pictures Experts Group은 속도가 빠르고 압축 효율이 높다는 이유로 인터넷에서 가장 많이 사용하고 있는 포맷이다. MPEG 파일은 ".mpg" 혹은 ".mpeg"라는 확장자를 사용한다.

② QuickTime: 애플사에서 개발한 비디오 포맷이며, 파일 확장자로 ".mov"를 사용하고 있다.

③ AVI: 마이크로소프트에서 만들었으며, 오디오와 비디오를 함께 삽입해서 만든 포맷으로 확장자로 ".avi"를 사용하고 있다.

(2) HTML 문서에 비디오 파일 넣기

비디오 파일은 일반 문서를 연결할 때 사용하는 〈A〉 태그를 이용하여 HTML 문서에 넣을 수 있다.

```
〈A HREF = "movie.mpg"〉 movie.mpg 파일 재생 〈/A〉
```

(3) 윈도우 익스플로러(Explorer)에서 비디오 재생 프로그램 등록

위에서 사운드(sound) 파일을 넣는 것에 대해 신중해야 한다는 것을 지적하였듯이, 비디오(video) 파일도 마찬가지이다. 즉, 여러 사람들이 함께 사용하는 사무실에서 특정 기업의 홈페이지를 접속했을 때에 사운드(sound) 파일 혹은 비디오(video) 파일이 무작정 실행되었을 때에 무척 당황스러운 경우가 있을 것이다. 그렇기 때문에 아래에서 설명하는 유튜브(youtube)와 같은 외부 사이트에 사운드 혹은 비디오를 등록한 후에 필요한 경우에만 HTML 명령어를 활용하여 접속할 수 있도록 하는 것이 더 바람직할 것이다.

04 HTML문서에 유튜브 사운드 및 비디오 연결하기

유튜브(www.youtube.com)에 회원가입을 하면 My Channel(내 채널)이 자동으로 만들어지게 되며, 등록한 모든 동영상(UCC)들을 My Channel(내 채널)에서 확인할 수 있다. 따라서 기업의 홍보용 동영상들을 만들어서 유튜브의 My Channel(내 채널)에 등록한 후에 다양한 웹사이트에서 HTML 명령어로 링크시키는 것은 매우 편리하면서 효과적인 방법이 될 수 있다(〈그림 8-1〉 참조).

그림 8-1 유튜브의 My Channel

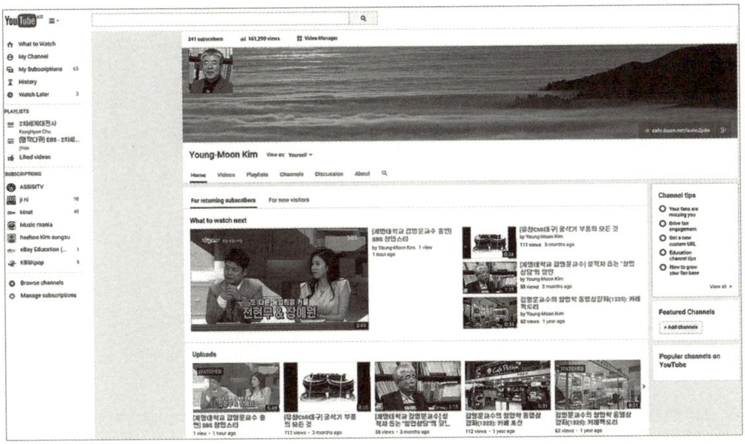

한편, 〈그림 8-2〉에서 보듯이, 유튜브에 등록한 사운드(sound) 파일 혹은 비디오(video) 파일을 기업의 홈페이지에서 링크시키는 방법은 다음과 같다.

① 유튜브의 My Channel(내 채널)에서 링크시키고자 하는 동영상을 클릭한다.

| 그림 8-2 | 유튜브의 동영상 링크시키기

② 왼편 아래에 있는 [Share]를 클릭한다.

③ [Embed]를 클릭한 후에 나타나는 주소를 〈a href=" "〉의 따옴표(" ") 내에 복사한다.

④ 기업의 홈페이지에서 유튜브에 있는 사운드(sound) 혹은 비디오(video) 파일이 정상적으로 링크가 되는가를 확인한다.

한편, TV팟(tvpot.daum.net) 등 다양한 웹사이트에 창업기업의 동영상들을 등록한 후에 HTML 문서에 동영상들을 연결하는 것도 생각할 수 있다. TV팟의 [마이팟]에서는 유튜브의 My Channel과 같이 등록한 모든 동영상(UCC)들을 확인할 수 있으며, 창업기업의 홈페이지에서 링크시킬 수 있다. 링크시키는 방법은 다음과 같다.

① 홈페이지에서 링크시키고자 하는 동영상을 선택한 후에 [공유]를 클릭한다.

② [소스 퍼가기]를 클릭한 후에 [iframe으로 퍼가기]를 선택한다.

③ [복사하기]를 클릭한 후에 원하는 곳에서 붙여넣기(Ctrl+V)를 하면 된다.

Photoshop & HTML(HyperText Markup Language)

제 9 장

FRAME의 이해와 활용

1. HTML 문서 안에 프레임 만들기
2. Frame 문서의 서식
3. Frame 형식
4. 출력방향을 프레임으로 지정하는 방법
5. IFRAME 태그

01 HTML 문서 안에 프레임 만들기

(1) 프레임이란 무엇인가?

프레임(frame)이란 웹브라우저 윈도우의 한 화면을 복수 개의 영역으로 구분해서 사용할 수 있으며, 그 페이지를 벗어나지 않고 링크(link)된 페이지를 불러올 수 있는 기능이다. 예를 들어, 〈그림 9-1〉에서와 같은 프레임을 만드는 데 있어서는 두 가지 종류의 문서가 존재한다.

① 웹브라우저 화면에 나타날 프레임 형식을 지정하는 문서: 〈FRAMESET〉과 〈FRAME〉이라는 태그를 이용하여 만든다.

② 각 프레임 안에서 보여줄 실제 내용이 들어가 있는 문서: 기존의 HTML 문서 형식이 그대로 사용된다.

여기에서 프레임(frame)이란 틀 혹은 뼈대라는 뜻인데, HTML에서 사용되는 프레임 페이지는 다른 여러 개의 HTML 페이지를 동시에 한 화면에 배치해서 보여주는 커다란 레이아웃의 역할을 하게 된다(〈그림 9-1〉 참조, egloos.zum.com/aierse).

❙ 그림 9-1 ❙ 프레임의 개념

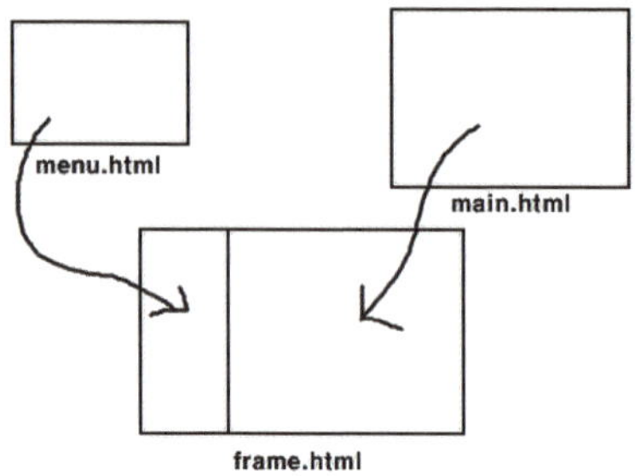

02 Frame 문서의 서식

프레임 기능이 들어간 문서는 <body> 태그가 없다. 즉, Frame 문서에는 <body> 태그를 사용하지 않으며, 대신 <frameset>를 사용하는데 그 형식은 아래와 같다.

```
<html>
<head>
</head>
  <FRAMESET>
```

```
    <FRAME>
    <FRAME>
  </FRAMESET>
</html>
```

03 Frame 형식

```
<FRAMESET>: ROWS, COLS
```

〈FRAMESET〉은 "창을 나눠라"라고 지시하는 것이며. 함께 쓰이는 두 가지 속성(attribute)들은 그 창을 어떻게 나눌 것인가를 지시하게 된다.

(1) ROWS: 창을 가로로 분할

ROWS는 "창을 가로로 나눠라"라는 말이다. 창의 크기나 개수는 따옴표 속의 정의에 따른다. 따옴표 속의 창의 개수는 콤마로, 크기는 value로 나눠진다. value에는 아래와 같이 세 가지가 있다.

① value(%): 1~100까지의 % 수치로 창의 크기를 나눈다. 당

연히 모든 창의 크기의 합은 100%가 되어야 한다.

```
〈FRAMESET ROWS="20%, 60%, 20%"〉
〈FRAMESET ROWS="50%, 50%"〉
```

② value(*): "*"라는 글자가 마치 수학 공식의 ×와 같이 쓰인다.

```
〈FRAMESET ROWS="*,*"〉: 같은 크기의 가로로 나뉜 2개의 창
〈FRAMESET ROWS="2*,*"〉: 2:1 크기의 가로로 나뉜 2개의 창
〈FRAMESET ROWS="2*,*,*"〉: 2:1:1 크기의 가로로 나뉜 3개의 창
```

③ value: 나머지 하나는 픽셀 단위를 이용해서 만들 수 있다.

소 스	결과화면

〈FRAMESET ROWS="200, *"〉
  〈FRAME〉
  〈FRAME〉
〈/FRAMESET〉
	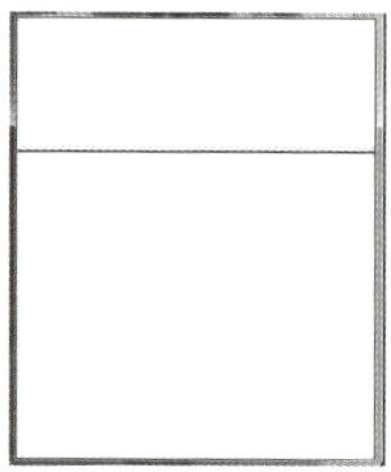

(2) COLS: 창을 세로로 분할

COLS는 "창을 세로로 나눠라"라는 말이다. 창의 크기나 개수

는 따옴표 속의 정의에 따른다. 따옴표 속의 창의 개수는 콤마로, 크기는 value로 나눠진다. value에는 세 가지가 있으나 자주 사용되는 두 가지는 다음과 같다.

소 스	결과화면
〈FRAMESET COLS="200, *"〉 〈FRAME〉 〈FRAME〉 〈/FRAMESET〉	

소 스	결과화면
〈FRAMESET COLS="25%, 50%, *"〉 〈FRAME〉 〈FRAME〉 〈FRAME SCROLLING=NO〉 〈/FRAMESET〉	

(3) COLS 및 ROWS 중복 사용: 창을 다중 분할

ROWS는 가로로 나누고, COLS는 세로로 나눈다. 따옴표 속의 정의는 마찬가지이다. 한 가지 고려해야 할 것은 가로로 먼저 나누느냐, 세로로 먼저 나누느냐에 따라 창틀을 드래그(drag)할 때에 어느 쪽의 창이 종속이 되느냐가 결정되기 때문에 잘 생각해

▌그림 9-2▐ ROWS와 COLS를 함께 사용한 프레임

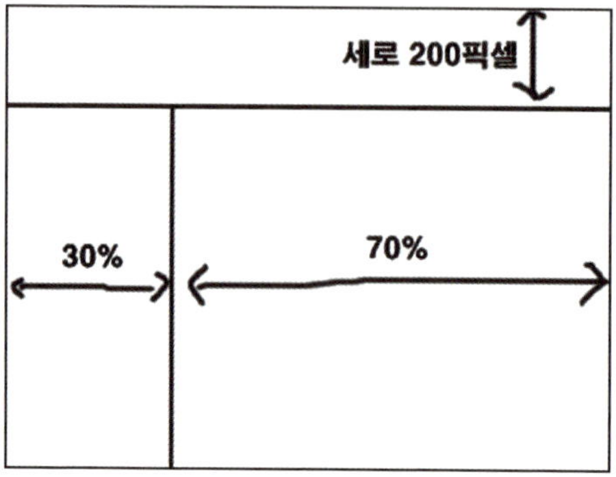

서 만들어야 한다. 또한, 가로든 세로든 먼저 나눈 〈frameset〉은 다른 하나를 포함해야 한다. COLS와 ROWS를 중복 사용하는 사례는 〈그림 9-2〉와 같다.

소 스	결과화면

〈frameset rows="200, *"〉
  〈frame〉
  〈frameset cols="30%, 70%"〉
    〈frame〉
    〈frame〉
  〈/frameset〉
〈/frameset〉
	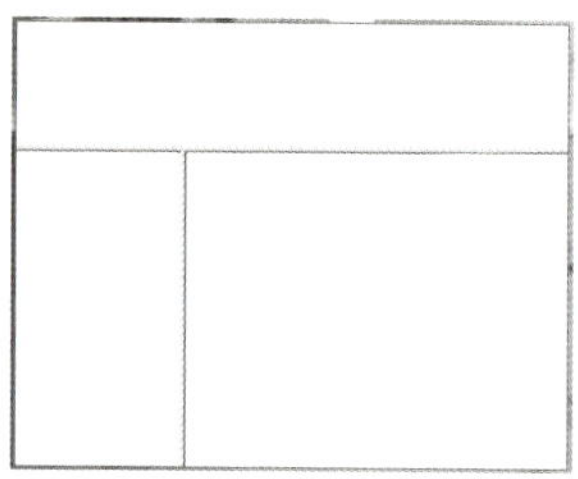

(4) 〈FRAMESET〉에서 사용하는 속성

① cols: 세로 방향의 프레임을 나누고, 가로 너비 값을 픽셀이

나 퍼센트로 설정한다.

② rows: 가로 방향의 프레임을 나누고, 세로 높이 값을 픽셀이나 퍼센트로 설정한다.

③ frameborder: 프레임 테두리 보이기를 설정한다. 입력하지 않은 경우 "yes"로 자동 설정된다.

④ border: 프레임 테두리의 굵기를 설정한다. 일반적으로 프레임 border는 값을 0으로 설정하여 눈에 보이지 않게 만드는데, 이는 하나의 웹 문서처럼 보이게 하기 위해서이다. border의 값을 5 이하로 주면 프레임 border가 보이지 않고, 따로 값을 지정하지 않으면 기본값으로 인식하여 border가 보이게 된다.

⑤ bordercolor: 프레임 테두리의 색상을 설정한다.

⑥ framespacing: 프레임의 여백을 설정한다.

(5) 〈FRAME〉에서 사용하는 속성

〈frameset〉으로 창을 나누었는데, 각 창에 대해 설정을 하기 위해서는 〈frame〉을 효과적으로 사용할 수 있어야 한다. 〈frame〉은 당연히 〈frameset〉 안에 자리를 잡아야 하고 속성(attribute)도 있다. 즉, src, name, marginwidth, marginheight, scrolling, noresize 등 6개이며, 〈frame〉은 End Tag가 없다.

① SRC: 보여줄 문서의 주소를 지정한다. 프레임이 없는 페이지에서의 홈페이지와 같다. 다른 점은 이것은 창 하나에 URL을

연결해 주는 것이라고 할 수 있다. 아래의 예제의 결과를 보면 각 창 하나에 하나의 URL이 연결되어 있다.

② NAME: 해당 프레임에 이름을 붙여준다. 프레임 기능을 제대로 활용하려면 이름을 정해야 한다. 예를 들어, 위의 결과에서 A라는 이름의 창에 어떤 문서와 링크되어 있다고 할 때 그 링크된 페이지를 프레임 내의 어떤 창으로 가져 오기 위해서 그 이름을 정해 주는 것이다.

③ MARGINWIDTH: 프레임 문서의 좌우 여백을 지정한다.

④ MARGINHEIGHT: 프레임 문서의 상하 여백을 지정한다.

⑤ SCROLLING: 스크롤바 유무를 지정할 수 있으며, yes(무조건 나타남), no(나타나지 않음), auto(문서내용이 프레임 영역보다 클 때 나타남)가 있다.

⑥ NORESIZE: 사용자가 창의 크기를 조절하지 못하도록 고정시킨다. 프레임으로 창을 나눠 놓으면 창의 경계를 마우스로 드래그(drag)하여 크기를 변경할 수 있다. 그 크기를 고정시키고 싶으면 NORESIZE를 넣어주면 된다.

(6) 프레임(frame) 명령어의 활용 사례

위에서 설명한 프레임(frame)을 활용하여 간단한 HTML 문서를 만들어 볼 것이며, 그 실행 결과도 제시할 것이다. 먼저, 아래 3개의 HTML 문서를 제1장에서 설명한 에디트플러스(EditPlus)를 활용하여 만든 후에 동일한 폴더 내에 각각 별도의 파일로 저장한다.

① f.html 파일로 저장한다.

```
<html>
  <frameset ROWS="200, 400" border="10">
    <frame src="1.html">
    <frame src="2.html">
  </frameset>
</html>
```

② 1.html 파일로 저장한다.

```
<html>
<body>
  <img src="http://s8.tinypic.com/xqaquw_th.jpg">
</body>
</html>
```

③ 2.html 파일로 저장한다.

```
<html>
<body>
  <img src="http://s8.tinypic.com/fkuydt_th.jpg">
</body>
</html>
```

④ 실행 및 결과

┃그림 9-3┃ 프레임의 실행 결과

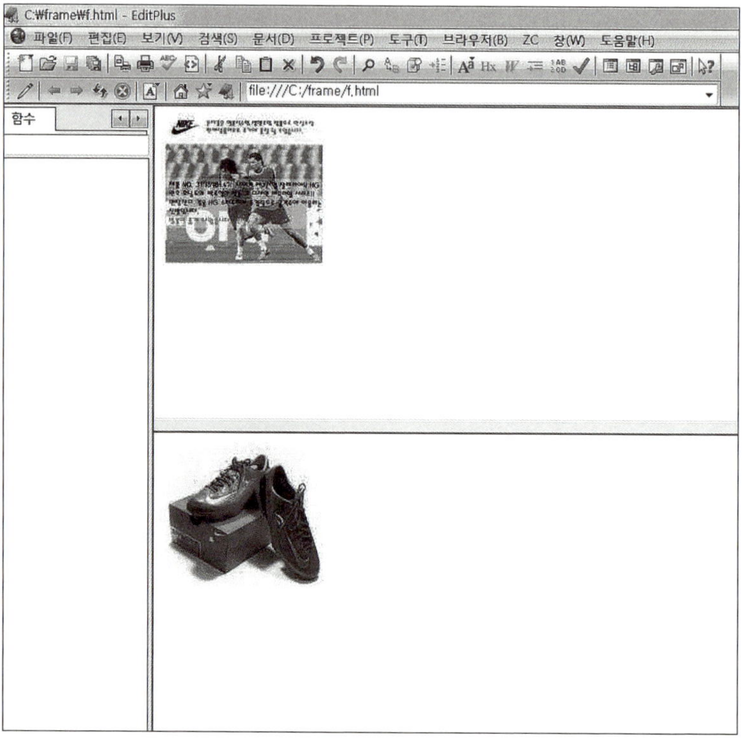

에디트플러스(EditPlus)에서 [보기]-[브라우저로 보기(B)]-[브라우저 1(B)]를 클릭하면, HTML 문서의 실행 결과를 〈그림 9-3〉과 같이 확인할 수 있다(단축키: Ctrl+B). 〈그림 9-3〉의 실행

결과를 보면, 〈FRAMESET〉에서 속성 rows를 사용하여 웹브라우저 윈도우의 한 화면을 가로 방향의 프레임으로 나누고, 세로 높이 값을 픽셀로 설정하였다. 또한 가로로 나뉜 2개의 창에 이미지 호스팅 사이트에 등록되어 있는 이미지를 불러와서 각 창에서 보여주고 있다.

한편, 위의 예를 cols를 사용하여 세로 방향의 프레임으로 나눌 수도 있으며, 〈img src〉 태그 대신에 〈table〉 태그 등과 같은 다양한 HTML 태그를 활용하여 여러 종류의 정보들을 제공할 수도 있을 것이다. 독자들은 에디트플러스(EditPlus)를 사용하여 다양한 실습을 해 볼 수 있을 것이다.

04 출력방향을 프레임으로 지정하는 방법

(1) 〈A〉 태그의 TARGET 속성

TARGET이라는 속성을 사용하게 되면 링크로 연결된 문서를 가져와 현재 윈도우나 프레임이 아닌 다른 곳에서도 볼 수가 있다. 즉, TARGET에서 지정한 윈도우나 프레임에서 결과를 볼 수 있는 것이다. 프레임의 경우에는 〈FRAME〉 태그에 NAME 속성으로 지정된 값이 곧바로 TARGET 속성에 지정된다.

```
[예]
<a href="contents.html" target="main"> 컨텐츠 표시 </a>
```

(2) HTML 예약어

TARGET에서 사용할 수 있는 예약어들은 다음과 같다.

① _self: 현재 창 혹은 현재 프레임 내부를 바꾼다.

② _parent: 이 창의 한 단계 위에 있는 부모창을 바꾼다.

③ _top: 모든 프레임을 무시하고 페이지 전체를 바꾼다.

④ _blank: 새 창, 링크를 누를 때마다 계속해서 새로운 윈도우를 만든다.

05 IFRAME 태그

(1) 〈IFRAME〉 태그란 무엇인가?

IFrame이란 inline frame이라고도 부르며, html 웹 문서 안에 또 다른 웹 문서를 넣을 수도 있고, 이미지 등을 넣을 수도 있는 기능이다. 〈iframe〉은 〈body〉 안에 자리를 잡아야 하고 속성(attribute)도 있다. 즉, SRC, NAME, WIDTH, HEIGHT,

FRAMEBORDER, SCROLLING 등이 있다.

① SRC: iframe에 보여줄 문서의 주소를 지정한다.

② NAME: 해당 iframe에 이름을 붙여준다.

③ WIDTH: iframe 의 너비를 지정(px, % 가능)한다.

④ HEIGHT: iframe 의 높이를 지정(px, % 가능)한다.

⑤ FRAMEBORDER: 테두리의 두께를 지정(1(테두리 있음), 0(테두리 없음))한다.

⑥ SCROLLING: 스크롤바 유무를 지정할 수 있으며, yes(무조건 나타남), no(나타나지 않음), auto(자동)가 사용될 수 있다(http://aboooks.tistory.com/205).

(2) 〈IFRAME〉의 활용 사례

소 스	결과화면
〈BODY〉 〈center〉 〈A HREF=http://www.daum.net target=in〉다음 〈/a〉 | 〈A HREF=http://www.kmu.ac.kr target=in〉계명대 〈/a〉 〈br〉〈br〉 〈IFRAME name=in〉 〈/IFRAME〉 〈/center〉 〈/BODY〉	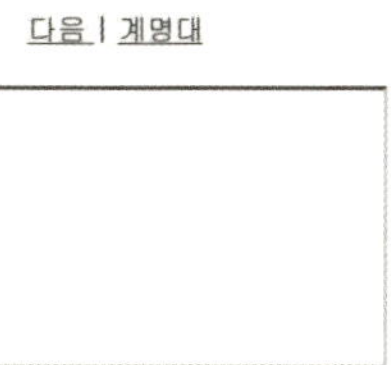

제10장

기타 유용한 HTML 명령어 및 홈페이지의 개발

1. FIELDSET을 활용하여 글상자 만들기

2. 포토샵과 HTML을 활용한 기업의 홈페이지 개발 및 운영

01 FIELDSET을 활용하여 글상자 만들기

글상자를 만들어서 사용하면 보기가 좋은데, 아래의 명령어들을 활용하며 된다. 특히 FIELDSET 내에서는 4곳의 green 대신에 선의 색깔로 사용하고 싶은 색깔의 영어단어 혹은 포토샵의 색상 피커에 있는 값(# 옆의 기호, 7장을 참조)으로 변경가능하며, 선의 굵기를 표시하는 3px 대신에 다른 값을 입력하면 된다. 즉, 글상자를 만들기 위해 사용하는 4개 선의 색깔 및 굵기를 변경하여 사용하면 된다.

(1) 글상자를 만드는 HTML 명령어

```
<FIELDSET style="BORDER-RIGHT: green 3px solid; PADDING-RIGHT: 4px; BORDER-TOP: green 3px solid; PADDING-LEFT: 4px; PADDING-BOTTOM: 4px; BORDER-LEFT: green 3px solid; WIDTH: 100%; PADDING-TOP: 4px; BORDER-BOTTOM: green 3px solid; HEIGHT: 51px">

<TABLE width="100%" bgColor=white>
<TR>
   <TD>
   … html 명령어를 넣는다 …
   </TD>
</TR>
```

```
〈TR〉
   〈TD bgColor=white〉
   … html 명령어를 넣는다 …
   〈/TD〉
〈/TR〉
〈/TABLE〉
〈/FIELDSET〉
```

(2) 실행 결과

〈FIELDSET〉 태그를 사용하여 글상자를 만드는 HTML 명령어의 실행 결과는 〈그림 10-1〉과 같은데, 3픽셀(3px) 두께의 그린색(green) 4개가 사용되어 글상자가 만들어진 것을 볼 수 있다. 홈페이지를 개발할 때에 첫 페이지에서 중요한 내용을 공지할 때에는 글상자를 사용하는 것이 효과적이라고 할 수 있다.

위에서 TABLE 명령어 옆에 있는 bgColor=white는 전체 테이블의 배경색을 흰색으로 하라는 의미이며, bgColor 명령어는 아래와 같이 사용할 수 있다.

▌그림 10-1▐ 글상자의 실행 결과

① 〈TABLE bgColor=yellow〉: 전체 테이블(table)의 배경색을 지정한다.

② 〈TR bgColor=yellow〉: 특정 줄(row)의 배경색을 지정한다.

③ 〈TD bgColor=yellow〉: 특정 칸(column)의 배경색을 지정한다.

02 포토샵과 HTML을 활용한 기업의 홈페이지 개발 및 운영

전통적인 방식의 홈페이지 개발은 하나의 서버 내에 모든 콘텐츠가 저장되어 있게 되는데, 〈그림 10-2〉와 같이 사람들이 많이 접속하고 활용하는 다양한 외부사이트들을 활용하는 홈페이지의 개발도 생각할 수 있다. 이것은 분명 전통적인 방식에 비하여 많은 장점들이 있다고 판단된다.

① 다양한 사이트에 기업의 다양한 콘텐츠가 등록되게 되는데, 이것은 기업관련 정보들의 노출 빈도를 증가시킬 수가 있어서 기업에 대한 홍보 효과가 더 좋을 수 있다.

② 인지도가 높은 외부 사이트들의 기능들을 무료로 활용할

수 있다는 장점이 있으며, 홈페이지의 개발 및 유지·보수에 소요되는 시간과 경비를 대폭 절감시킬 수 있다.

③ 컴퓨터 및 인터넷 기술의 변화에 따라 신속하게 새로운 기술 혹은 웹사이트들을 접목시킨 홈페이지의 개발 및 변경이 가능하다.

④ 〈그림 10-2〉에서 보듯이 시작페이지 및 여러 외부 사이트들이 HTML 명령어를 활용하여 상호 연동되어 연결될 수 있다

그림 10-2 기업 홈페이지의 개발 및 운영 구조도

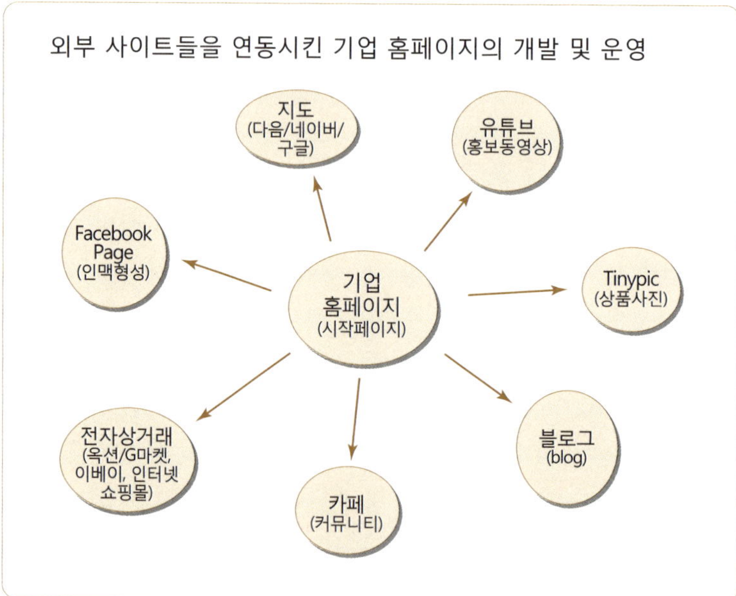

면, 전통적인 홈페이지에 비하여 접속자의 수가 획기적으로 증가될 것으로 예상되며, 개발 및 관리의 측면에서 상당히 편리하다는 장점이 있을 것이다.

한편, 〈그림 10-2〉에 있는 기업 홈페이지의 시작페이지 및 다양한 외부 사이트들의 개발 및 효과적인 활용에 대해 구체적으로 살펴보면 다음과 같다.

① 기업 홈페이지의 시작페이지: 기업 홈페이지의 시작페이지는 기업을 소개함과 동시에 여러 외부 사이트들을 제6장에서 설명한 HTML 명령어로 연결(link)하기 위해 필요한데, 윅스(www.wix.com), 다음(Daum) 및 네이버(Naver)의 카페(cafe) 등을 시작페이지로 사용할 수 있다. 〈그림 10-3〉은 윅스(wix)를 활용한 시작페이지이며, 시작페이지에서 아래와 같은 10개의 외부사이트들을 HTML로 링크시키고 있다. 물론 기업의 성격 및 목표에 따라 시작페이지 및 외부사이트들은 언제든지 변경될 수 있다.

ⓐ 회사의 소개 및 CEO 인사
ⓑ 고객들과의 소통을 위한(Daum)커뮤니티
ⓒ 고객들과의 소통을 위한(Naver)커뮤니티
ⓓ 기업홍보 동영상 안내(YouTube)
ⓔ 판매상품 구매장터(옥션 스토어)
ⓕ 기업소개 사진(TinyPic)

| 그림 10-3 | 웍스(wix)를 활용한 시작페이지 만들기

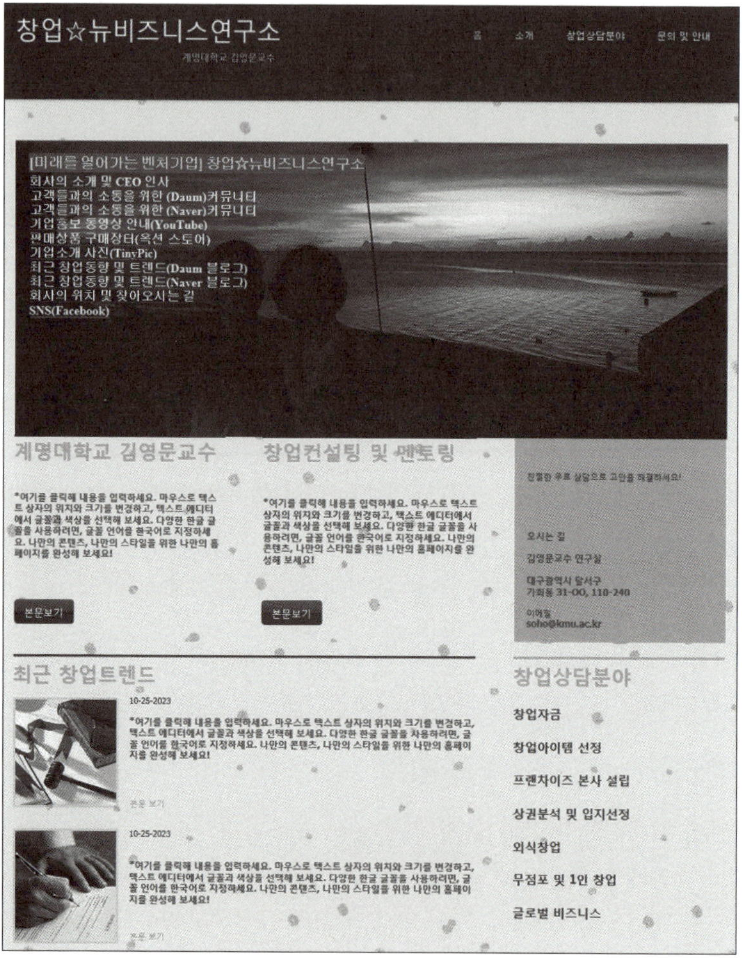

ⓖ 최근 창업동향 및 트렌드(Daum 블로그)

ⓗ 최근 창업동향 및 트렌드(Naver 블로그)

ⓘ 회사의 위치 및 찾아오시는 길

ⓙ SNS(Facebook)

예를 들어, 시작페이지에서 SNS(Facebook)로 링크시키기 위해 사용할 수 있는 HTML 명령어는 다음과 같다.

```
<a href="https://www.facebook.com/YoungmoonKim/"target=
  "_blank">
<font color=blue><b>SNS(Facebook)</b></font>
</a>
```

② Facebook Page: 페이스북 페이지(Facebook page)는 회사, 브랜드 및 단체가 자신들의 소식을 공유하고 사람들과 연결할 수 있는 공간이라고 할 수 있다. 개인 프로필(profile)과 마찬가지로 페이지도 소식을 게시하거나 이벤트를 열거나 앱을 추가하는 등 다양한 활동을 통해 자유롭게 활용할 수 있다. 또한, 페이스북에 등록하는 사용자는 각자 하나의 계정과 로그인 정보를 가지며, 계정마다 개인 프로필 1개가 포함되며 하나의 계정에서 여러 페이지를 만들고 관리할 수 있다.

③ 전자상거래: 기업에서 생산된 제품을 판매하기 위해서 옥

션, G마켓 혹은 이베이(eBay) 등과 같은 전자상거래 사이트를 활용할 수 있다. 또한 옥션과 이베이에서는 스토어(store) 그리고 G마켓에서는 미니샵(minishop)을 개설하여 상품을 판매할 수 있는데, 이것들은 판매자의 온라인 개인매장이다.

④ 카페: 카페(cafe)는 다음(Daum)과 네이버(Naver)에서 무료로 개설할 수 있으며, 기업의 상품을 구매하는 고객 및 기업과 관계가 있는 사람들을 위한 커뮤니티로 운영할 수 있다. 또한 카페(cafe)에 있는 상품등록게시판에서 상품 판매도 할 수 있으며, 구매자들은 실시간 계좌이체, 신용카드, 그리고 무통장입금으로 결제를 할 수 있다.

⑤ 블로그: 블로그(blog)는 다음(Daum), 네이버(Naver), 구글(Google), 에이블뉴스(www.ablenews.co.kr), 이글루스(www.egloos.com) 등에서 개설할 수 있으며, 기업 관련 소식, 신상품 정보들을 제공하는 하나의 게시판(bulletin board system)과 같은 기능으로 활용할 수 있다. 하지만, INIP2P(www.inip2p.com)를 활용하면, 블로그에서도 상품을 판매하는 전자상거래가 가능하다.

⑥ 상품사진: 기업에서 생산하거나 판매하고 있는 상품들에 대한 사진(이미지), 기업관련 다양한 사진들을 고객들에게 보여주기 위해서는 포토샵으로 제작된 상품이미지들을 상품이미지 호스팅 사이트에 등록한 후에 〈img src〉 명령어를 사용하면 된다. 즉, 〈그림 10-2〉의 기업 홈페이지(시작 페이지)에서 〈img src〉 명령어를 사용하여 상품이미지 호스팅 사이트에 등록되어 있는

상품들에 대한 사진(이미지)들을 불러와서 보여주게 된다. 이러한 상품이미지 호스팅 사이트들은 포털사이트에서 상품이미지 혹은 호스팅 사이트를 검색하면 쉽게 찾을 수 있으며, 아래의 사이트들도 상품이미지 호스팅 사이트와 같은 목적으로 사용할 수 있다.

ⓐ 드롭박스(www.dropbox.com)

ⓑ Imgur(imgur.com)

ⓒ Fileslink(www.fileslink.com)

ⓓ postimage(postimage.org)

ⓔ tinypic(tinypic.com)

한편, 호스팅 사이트에 상품이미지를 등록하면, 자동적으로 보여주는 파일경로(주소)를 복사하여 사용하면 된다. 예를 들어, 〈그림 10-4〉에서와 같이 tinypic(tinypic.com)에 상품이미지를 등록하면, 4가지의 파일경로(주소)를 확인할 수 있다.

ⓐ HTML for Websites

ⓑ IMG Code for Forums & Message Boards

ⓒ URL for E-Mail & IM

ⓓ Direct Link for Layouts

⑦ 유튜브: 유튜브(www.youtube.com)는 세계 최대의 동영상

┃그림 10-4┃ 상품이미지 호스팅 사이트에서 파일경로 확인하기

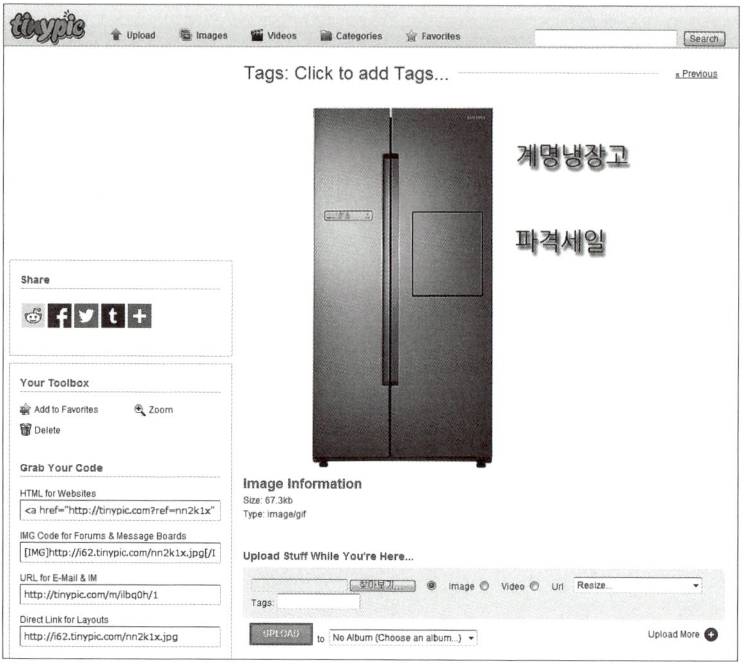

전문 사이트이며, 기업에 대한 홍보 동영상(UCC, User Created Contents)을 등록할 수 있다. 또한 〈그림 10-5〉과 같이 유튜브 내에 내 채널(my channel)을 만들어서 고객들이 기업에 대한 모든 홍보 동영상들을 한 곳에서 볼 수 있도록 하면 된다.

⑧ 지도(map): 네이버 지도(map.naver.com), 다음 지도(local.daum.net), 구글 맵스(maps.google.co.kr) 등에서 제공하는 지도를

활용하여 고객들에게 기업의 위치 및 제품을 판매하고 있는 전국에 있는 점포들의 위치에 대한 정보를 제공할 수 있다.

⑨ 기타: 기업에서 고객들에게 제공하고 싶은 추가적인 정보들이 있는 경우에는 다양한 웹사이트들을 기업 홈페이지의 시작페이지에서 HTML 명령어로 링크시켜 활용할 수 있다.

| 그림 10-5 | 유튜브의 채널

참고문헌

- 김석주, 홈페이지 만들기, 가남사, 1997. 8. 25
- 김영문, 창업길라잡이, 집현재, 2011.
- 김영문, 500만원으로 창업하기, 집현재, 2011.
- 김영문, 카페(cafe)로 창업하기, 집현재, 2012.
- 김영문, 일본 소호(보따리)무역으로 창업하기, 집현재, 2012.
- 김영문, 무점포 무일푼으로 인터넷창업하기, 집현재, 2013.
- 김영문, 무점포 · 1인 창업하기, 집현재, 2014.
- 김영문, 하루 만에 인터넷 쇼핑몰 창업하기, 집현재, 2014.
- 김영문, 창업입문, 집현재, 2015.
- 김영문, 성공창업을 위한 홍보와 광고전략, 집현재, 2015. 7. 7
- 네이버 지식백과, terms.naver.com
- 다음 백과사전, 100.daum.net
- 위키백과, HTML 편집기, 2013년 6월
- 이미지맵 만들기, blog.naver.com/skwlstjd012/220323709545
- 참다운 현불사 지킴이(cafe.daum.net/charmhbs)
- 포완카님의 블로그(blog.naver.com/no1_powanca)
- http://aboooks.tistory.com/205
- http://egloos.zum.com/aierse

저자 소개

김영문(金榮文, Kim, Young-Moon, 少月)

좌우명: 꿈이 있는 아름다운 도전 그리고 후회하지 않는 삶!!

영남대학교 경영학과 졸업
경북대학교 대학원 경영학과 수학
미국 캔사스주립대학교 경영학 석사학위(MBA) 취득
미국 미시시피주립대학교 경영학 박사학위 취득
(경영정보시스템 전공, 컴퓨터과학 및 계량경영학 부전공)
현, 계명대학교 경영대학 경영정보학과 교수
사랑나눔회(대구광역시 인가 비영리민간단체) 회장
사단법인 한국소호진흥협회 설립자(1999년)
계명대학교 벤처창업보육사업단 단장 역임
네이버/다음 창업길라잡이(cafe.daum.net/isoho2jobs) 운영자
대구경북창업카페연합회 회장
사회복지사 자격증 및 ISO(9001/14001) 국제심사원 자격증
계명대학교 창업지원단 단장 역임

e-Mail: soho@kmu.ac.kr

조현숙(趙鉉淑, Cho, Hyen-Suk)

계명대학교 대학원 경영정보학 석사학위 취득
계명대학교 대학원 경영정보학 박사학위 취득
현, 계명대학교 외래교수
한국인성개발교육원 부원장
조현숙의 여성창업길라잡이 카페 대표
IMS 심사원 및 IT-PMP, IT-EAP 전문가
소상공인진흥원 자영업컨설턴트
ISO 27001 심사원
대중소기업협력재단 정보보안 전문가

성공하는 창업자가 되기 위한 **포토샵과 HTML의 활용**

초판인쇄 | 2016년 4월 20일
초판발행 | 2016년 4월 25일

저 자 | 김영문 · 조현숙
발 행 인 | 위호준
발 행 처 | 도서출판 **집현재**
121-130 서울특별시 마포구 토정로 222
한국출판콘텐츠센터 417호
전화 (02)332-4922 Fax (02)3142-4922
홈페이지: www.jhjbook.co.kr
e-mail: jyp4922@naver.com

출판등록 | 2010년 10월 25일
등록번호 | 제105-91-57581호

정가 14,000원 ISBN 978-89-97304-54-7

이 도서의 국립중앙도서관 출판예정도서목록(CIP)은 서지정보유통지원시스템 홈페이지(http://seoji.nl.go.kr)와 국가자료공동목록시스템(http://www.nl.go.kr/kolisnet)에서 이용하실 수 있습니다.
(CIP제어번호: CIP2016009403)